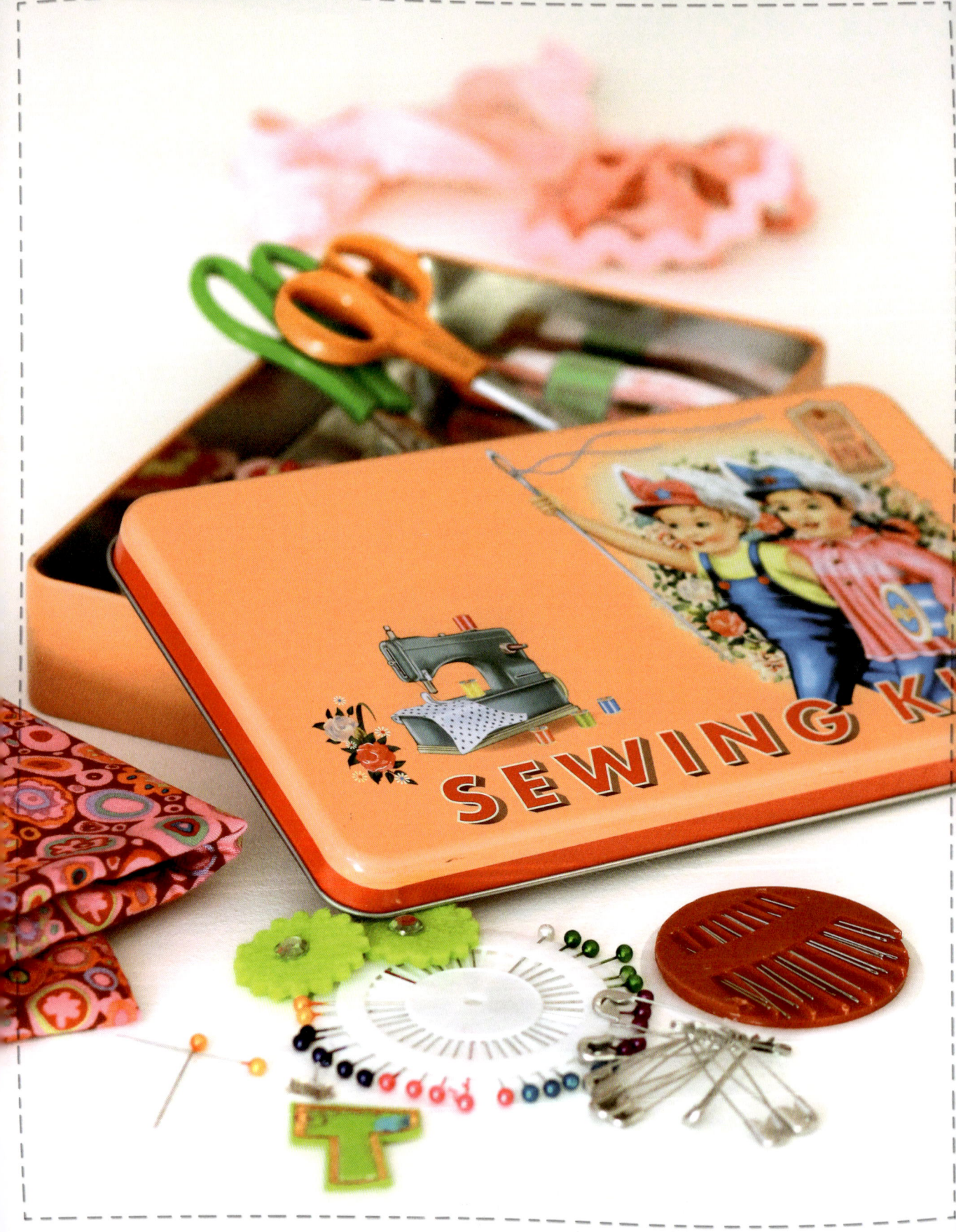

Ruth Laing

Der große Nadelzauber

Nähideen für Mädels

Bassermann

Inhaltsverzeichnis

Ich hab noch nie genäht. Was muss ich beachten?

1. Du solltest dich mit der **Nähmaschine** auskennen. Vielleicht hast du schon einmal mit einer Nähmaschine genäht oder hast einem Erwachsenen dabei zugeschaut. Der Umgang mit der Nähmaschine ist nicht schwer, aber du solltest trotzdem einiges beachten und auch immer sehr vorsichtig sein. Welche Bedeutung bestimmte Knöpfe und Rädchen haben, musst du wissen. Bitte einen Erwachsenen um Hilfe. Schau dir Seite 10–11 genau an.

2. Mache einige **Nähübungen.** Wenn du noch nie genäht hast oder nur gerade Strecken nähen kannst, solltest du als Erstes ein kleines Nähtraining durchführen. Das macht Spaß und hilft dir beim Nähen der Modelle. Du solltest mit deiner Nähmaschine einen einzelnen Stich nähen können und auch das Nähen von Kurven sollte dir leicht fallen. Das Nähtraining findest du auf Seite 12.

3. Wähle den **richtigen Stoff.** Es gibt viele Arten von Stoffen und Materialien, die du zum Nähen brauchst. Nicht alle sind für Nähanfänger geeignet. Neben den normalen Stoffen wie zum Beispiel Baumwolle gibt es auch Vlieseline oder Volumenvlies, die den Stoff steifer oder dicker werden lassen. Mehr darüber erfährst du auf Seite 13.

4. Benutze das richtige **Werkzeug.** Zum Nähen brauchst du einiges an Werkzeug. Zum Schneiden von Stoffen benötigst du unbedingt eine Stoffschere, die sehr scharf ist. Mit einer normalen Haushaltsschere wirst du Probleme bekommen, wenn du beispielsweise dickeren Filz schneiden möchtest. Alle Werkzeuge findest du auf Seite 14.

5. Du solltest die **Anleitungen** verstehen. Die Seiten für alle Modelle sind gleich aufgebaut: Du findest Angaben zu allen Materialien und Werkzeugen, aber auch zum Zuschnitt. Die Nähanleitung besteht aus Texten und Bildern. Mehr dazu auf Seite 15.

Die Nähmaschine

Es gibt viele Nähmaschinen von den unterschiedlichsten Herstellern, die sich vom Aufbau aber sehr ähnlich sind. Die neueren Maschinen haben elektronische Displays mit digitaler Anzeige. Hier lassen sich die Sticharten und die Stichlängen über Tasten einstellen. Die unten gezeigte Nähmaschine hat noch Rädchen und Schräubchen, an denen du etwas verstellen kannst.

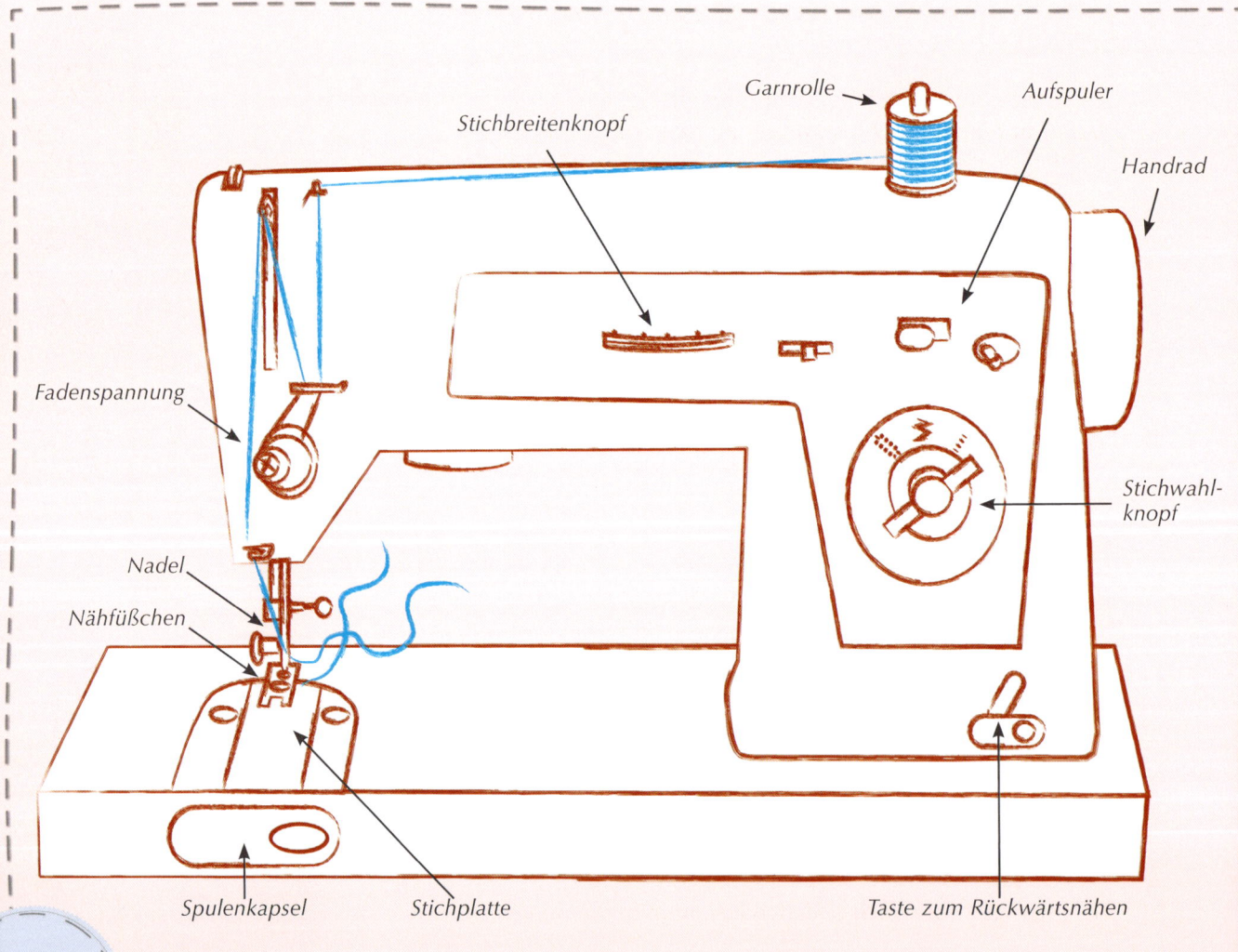

Garnrolle

Aufspuler

Handrad

Stichbreitenknopf

Stichwahl-knopf

Fadenspannung

Nadel

Nähfüßchen

Spulenkapsel

Stichplatte

Taste zum Rückwärtsnähen

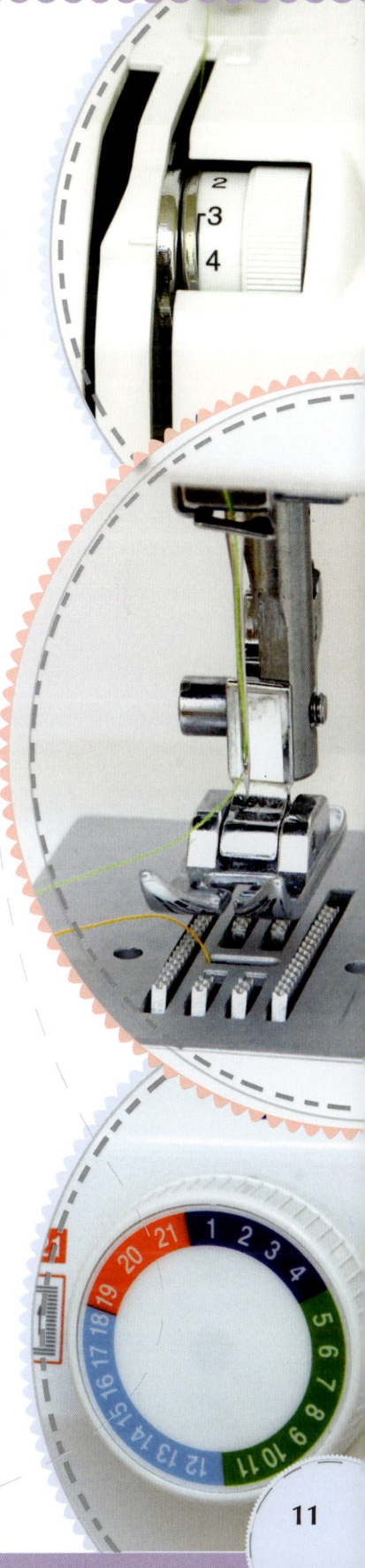

1. Handrad:

Das Handrad dreht sich beim Nähen. Wenn nach dem Nähen die Nadel noch im Stoff steckt, drehst du das Handrad, damit die Nadel wieder nach oben kommt.

2. Fadenspannung:

Durch das Verschlingen von oberem und unterem Faden kommt der Nähmaschinenstich zustande. Wenn der Stich nicht gut aussieht, sich die Naht nach dem Nähen kräuselt, oder wenn du an der Unterseite Schlaufen findest, dann musst du wahrscheinlich an der Oberfadenspannung, also an diesem Rädchen, etwas verstellen.

3. Spulenkapsel:

Eine Nähmaschine hat einen Ober- und einen Unterfaden. Der Unterfaden ist auf einer Spule aufgewickelt, die in einer Spulenkapsel sitzt. Die Spulenkapsel versteckt sich in den meisten Fällen hinter einer kleinen Klappe an der Vorderseite der Nähmaschine, unterhalb der Nadel. Wenn der Unterfaden leer ist, muss ein neuer aufgespult werden.

4. Hebel zum Senken des Nähmaschinenfüßchens:

Wenn du nähen möchtest, musst du den Stoff zunächst auf die Stichplatte unter die Nadel der Nähmaschine legen. Damit er nicht wegrutscht, senkst du das Nähmaschinenfüßchen. Der Hebel dafür sitzt an der Rückseite der Nähmaschine.

5. Nadel:

Für die meisten Nähmaschinen benötigst du eine Flachkolben-Nähmaschinennadel. Nadeln brechen gelegentlich durch – das ist kein Grund zur Panik, sondern ganz normal. Man wechselt sie dann einfach aus. Hole dir dafür Hilfe. Jede Nähmaschinennadel hat eine lange Rille. Das ist die Vorderseite der Nadel, sie muss nach dem Einsetzen vorne sitzen.

6. Taste zum Rückwärtsnähen:

Die Nähmaschine hat, genauso wie ein Auto, einen Rückwärtsgang. Damit verriegelst du alle Nähte, damit sie nicht wieder aufgehen. Verriegeln bedeutet nichts anderes als ein Stückchen vorwärts nähen und dann einige Stiche rückwärts nähen, bevor du dann mit dem eigentlichen Nähen der Naht beginnst.

7. Stichwahl:

Die meisten Nähmaschinen können nicht nur den normalen Geradstich nähen. Du wirst sicherlich auch an deiner Nähmaschine eine Auswahl von Zierstichen vorfinden. Der Zickzackstich wird zum „Versäubern" der Stoffe verwendet. Wenn du an den Stoffkanten mit einem Zickzackstich entlangnähst, fransen die Kanten nicht aus.

Kleines Nähtraining

Vielleicht hast du schon einmal genäht. Dann ist dir sicher aufgefallen, dass sehr genaues Nähen gar nicht so leicht ist. Allerdings ist es notwendig, damit alle Nähte gerade und gleich breit werden. Mache dazu das kleine Nähtraining:

1. Nähübung auf Papier

1. Lege Seite 73 und 131 auf den Kopierer und mache dir von jeder Seite zwei Kopien.

2. Hole aus deiner Nähmaschine die komplette Spulenkapsel heraus. Bitte einen Erwachsenen um Hilfe.

3. Entferne nun auch den Oberfaden. Du wirst nun Nähübungen ohne Faden machen, also nur kleine Löcher in deine Kopien stanzen.

4. Hebe das Füßchen der Nähmaschine an und lege das Blatt Papier mit den geraden Linien so unter das Füßchen, dass die Nadel direkt in die erste Linie einsticht. Nähe nun die geraden Linien genau nach.

5. Nimm dann die Kopie mit den geschwungenen Linien zur Hand und nähe sie ebenfalls nach. Versuche das Blatt während des Nähens leicht zu drehen.

6. Ganz zum Schluss nimmst du das Blatt mit den Zackenlinien. Hier musst du immer die Linie bis zur Spitze nähen und dort die Nadel im Blatt stecken lassen. Das ist wichtig. Dann hebst du das Füßchen, drehst das Papier und senkst das Füßchen wieder, um bis zur nächsten Spitze zu nähen.

2. Nähübung auf Stoff

Nimm einen Stoffrest. Lege ihn doppelt, also zwei Stofflagen übereinander. Hebe dann das Nähmaschinenfüßchen und lege den Stoff unter die Nadel. Dann senkst du das Füßchen wieder. Nähe nun so auf dem Stoff herum, wie es dir gefällt. Versuche dabei die Geschwindigkeit zu kontrollieren, indem du einmal mehr und dann wiederum weniger Gas gibst. Versuche auch ganz langsam zu nähen. Du solltest in der Lage sein, so wenig Gas zu geben, dass die Nähmaschine nur zwei oder drei Stiche macht. Schneide die Fäden gelegentlich ab und beginne erneut mit dem Nähen. Dazu hebst du das Nähmaschinenfüßchen am Hebel auf der Rückseite und ziehst den Stoff nach hinten weg. Die beiden Fäden sollten mindestens 15–20 cm lang sein, bevor du sie dicht am Stoff abschneidest.

3. Nähmaschinenstiche üben

Lege deinen doppelt gelegten Stoff unter die Nähnadel. Die äußere rechte Stoffkante und die rechte Kante des Füßchens liegen direkt übereinander. Wenn du nun nähst, wird die Naht 0,7 cm breit. Dies nennt man „Füßchenbreite". Die meisten Nähte arbeitest du mit dem normalen Geradstich. Wenn du auf der Oberfläche eines Stoffes nähst, nennt man dieses „steppen". Übe das Nähen dicht an einer umgeschlagenen Kante. Das brauchst du oft und wird knappkantiges Nähen genannt. Probiere auch den Zickzackstich an einem Stoffrand aus. Du brauchst diesen Stich, damit Stoffkanten nicht ausfransen.

Kleine Materialkunde

Stoffe:

Zum Nähen eignen sich Baumwollstoffe besonders gut. Sie sind etwas fester und stabiler als Stoffe aus Kunstfasern, und sie lassen sich leicht bügeln. Jeder Stoff hat eine rechte Seite – damit ist die Vorderseite gemeint, also die „schönere" Seite, die man später sehen wird. Die Rückseite wird linke Seite genannt. Achte bei den Nähanleitungen darauf, wie du die Stoffe aufeinanderlegen musst.

Filz:

Filze gibt es als zugeschnittene Platten in verschiedenen Stärken. Zum Nähen solltest du einen etwas dickeren Filz von etwa 2–3 mm Stärke wählen. Dünner Bastelfilz ist ungeeignet.

Vlieseline:

Um dünne Stoffe etwas steifer zu machen, bügelt man Vlieseline auf die linke Stoffseite. Das ist eine besondere Art „Stoff", der aus feinen Fasern zusammengepresst wurde. Auf der Rückseite ist ein Klebstoff aufgebracht, der durch das Bügeln flüssig wird und dann kleben bleibt. Wie du das Vlies genau aufbügelst, ist auf die Kante der Vlieseline aufgedruckt. Du musst beim Bügeln unbedingt ein Bügeltuch, ein altes Trockentuch oder einen größeren Stoffrest darüberlegen.

Volumenvlies:

Volumenvlies ist ein bauschiges, dickeres Vlies. Es wird genauso wie die Vlieseline aufgebügelt. Volumenvlies benutzt man, wenn die genähten Teile etwas dicker und weicher werden sollen.

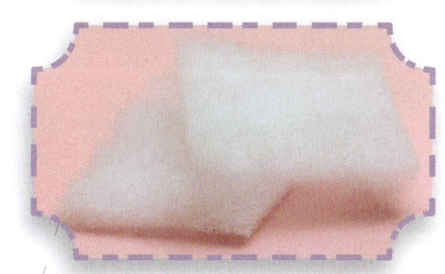

Nähgarn und Knopflochgarn:

Zum Nähen mit der Nähmaschine benötigst du ganz normales Nähgarn, entweder aus Baumwolle oder aus Polyester. Für manche Arbeitsgänge, die du mit der Hand nähst, ist ein stabiles Garn besser. Entweder nimmst du den Nähgarnfaden doppelt, oder du benutzt Knopflochgarn. Du könntest für diese Zwecke auch Zwirn nehmen.

Kleine Werkzeugkunde

Du benötigst einige Werkzeuge, die hier erklärt werden. Du findest die Werkzeugangaben in den Modellbeschreibungen als kleine Symbole in den Kreisen.

 Stoffschere/Papierschere

 Schneiderkreide/Markierstift

Klebstoff

 Zackenschere

 Nähgarn

Stopfnadel

 Nähmaschine

 Stecknadeln

Bügeltuch

 Bügeleisen

 Sicherheitsnadeln

Heißklebepistole

 Geodreieck

 Nähnadeln

Holzbrett

 Maßband

 Lochzange

Hammer

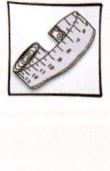

Die Nähanleitung

Zu jedem Modell in diesem Buch gibt es eine Nähanleitung, die immer sehr ähnlich aufgebaut ist.

Auf der ersten Seite findest du ein großes Foto des Modells. Auf der gegenüberliegenden Seite kannst du in den Kreisen nachlesen, welches Material und welche Werkzeuge du benötigst. Dort steht auch, ob es sich um ein schwieriges oder einfacheres Modell handelt. „Eine Schere" steht für einfach, „drei Scheren" deuten auf ein schwierigeres Modell hin.

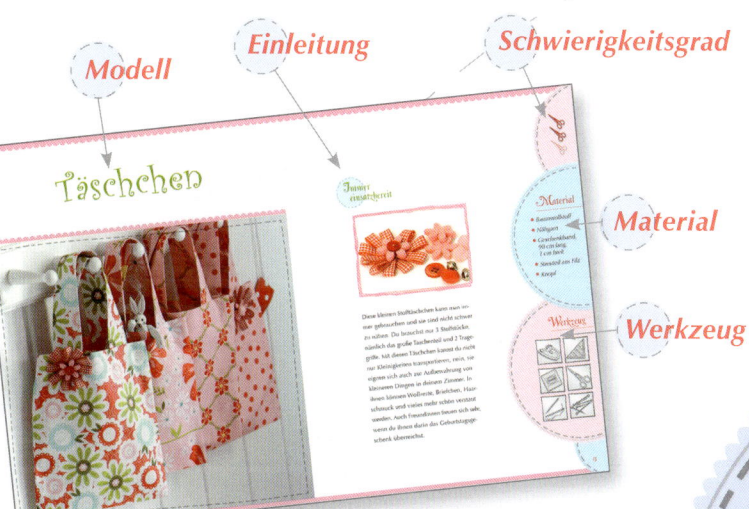

Auf den nächsten Seiten findest du die Nähanleitung, die Schritt für Schritt erklärt, wie du das Modell nähen solltest. Halte dabei die Reihenfolge der Arbeitsschritte unbedingt ein!

Arbeite die einzelnen Punkte Schritt für Schritt nach. Beachte auch die Angabe, ob ein Teil gebügelt werden soll. Das Bügeln ist ein Arbeitsschritt, den du nicht aussparen solltest. Bevor du aber das Bügeleisen anstellst, bitte einen Erwachsenen um Erlaubnis. Vergiss auch das Ausstellen nicht!

Vogelgirlande

Lustige Vogelschar

Material

- Filz, 2–3 mm dick, 12 x 20 cm je Vogel
- Stick- /Knopflochgarn
- langes Geschenkband, 2 cm breit
- 16 cm Schleifenband je Vogel, 1 cm breit
- Applikationen/Buchstaben zum Aufkleben
- Glöckchen

Mit dieser bunten Vogelparade zauberst du Farbe in dein Zimmer. Du kannst sie an die Tür, an ein Fenster oder auch an den Schrank hängen. Die Vögel werden aus dickem Filz zugeschnitten, mit der Hand umnäht und dann auf ein langes Geschenkband geklebt. Die Länge der Girlande kannst du selbst bestimmen. Schneide das breite Geschenkband dementsprechend lang zu. Der Abstand zwischen den Vögeln beträgt 5–6 cm.

Wenn du magst, kannst du die Außenkante der Vögel mit der Nähmaschine umnähen. Stelle hierfür einen etwas größeren Stich ein und benutze auch andersfarbiges Garn.

Werkzeug

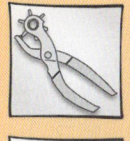

17

Zuschnitt

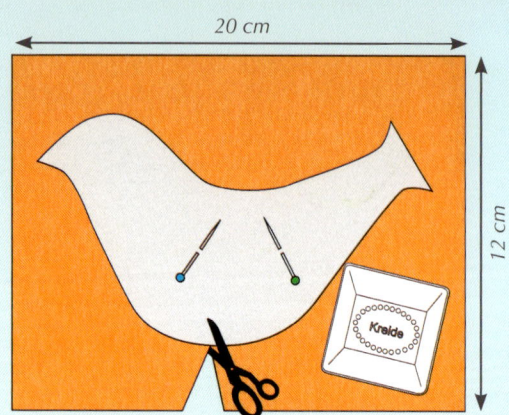

1. Schnittteil Nr. 1 von Seite 169 aus der Schnittvorlage kopieren und ausschneiden.

2. Das Schnittmuster mit Stecknadeln auf der Filzplatte feststecken und die Umrandung mit Kreide nachzeichnen. Die Vogelform mit einer scharfen Schere ausschneiden.

Verarbeitung

zu Abbildung A

1. Die Vögel umnähst du von Hand mit einem einfachen Steppstich. Schau dir dazu die Zeichnung genau an. Der Abstand zur Außenkante beträgt 0,7 cm.

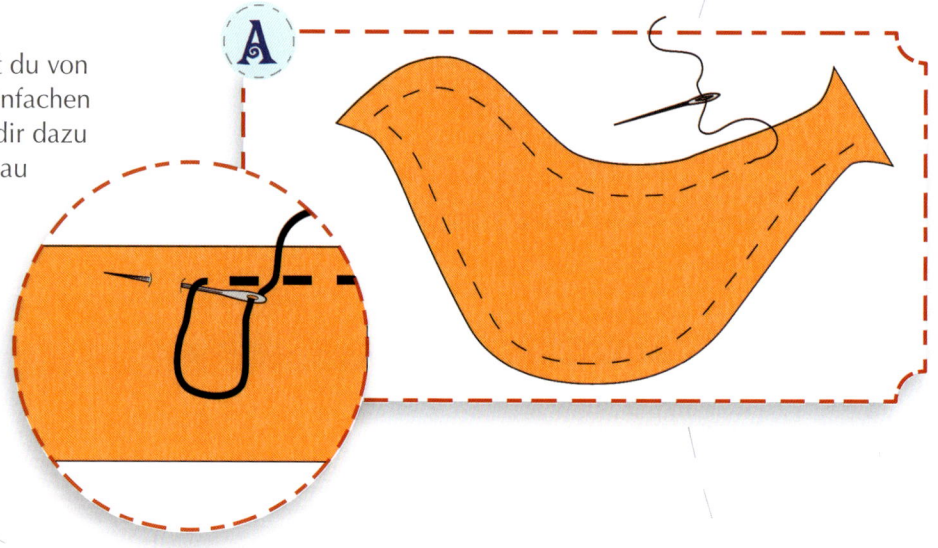

zu Abbildung B

2. Wie auf dem Schnittteil angegeben, werden dann zwei Löcher mit der Lochzange aus dem Filz gestanzt. Dort ziehst du ein schmales Band hindurch, fädelst das Glöckchen auf und bindest das Band zu einer Schleife.

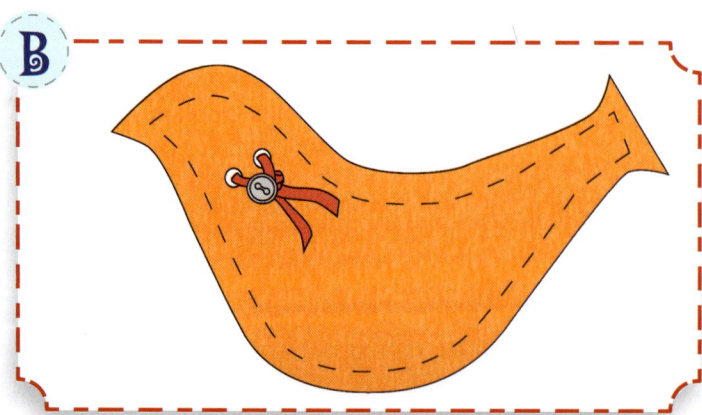

C

zu Abbildung C

3. Die fertigen Vögel werden in regelmäßigen Abständen von 5–6 cm auf das breite Geschenkband geklebt. Hierzu kannst du eine Heißklebepistole verwenden.

4. Wenn du magst, kannst du noch kleine Applikationen befestigen, zum Beispiel Streuteile oder Filzbuchstaben.

Eierwärmer

Lustige Gesellschaft am Frühstückstisch

Diese farbenfrohen und lustigen Eierwärmer sind leicht nachzuarbeiten, das bekommst du auch ohne große Nähkenntnisse hin. Wenn du möchtest, kannst du sie sogar von Hand zusammennähen. Du benötigst dafür nur zwei kleine Filzplatten. Der Filz sollte nicht zu dünn sein, damit die Hasen nicht nach vorne und nach hinten umknicken. Die Wackelaugen werden aufgeklebt und die Nase mit einem Plusterstift oder einem sogenannten 3D-Stift aufgemalt.

Werkzeug

Zuschnitt Eierwärmer Hase

2 Filzplatten, 13 cm x 23 cm

1. Schnittteil Nr. 2 von Seite 168 kopieren und ausschneiden.

2. Die Hasenform mit Nadeln auf einer Filzplatte feststecken und die Umrandung mit Kreide oder einem Markierstift nachzeichnen. Zunächst nur einen Hasen zuschneiden.

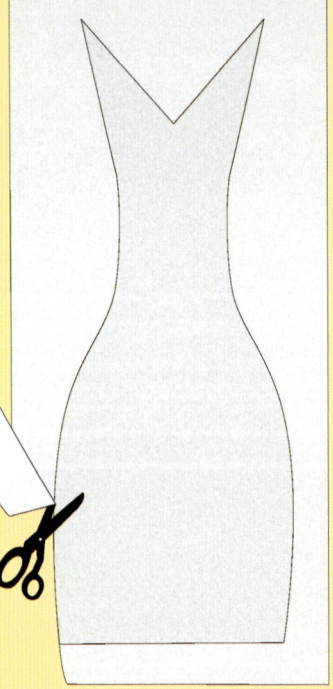
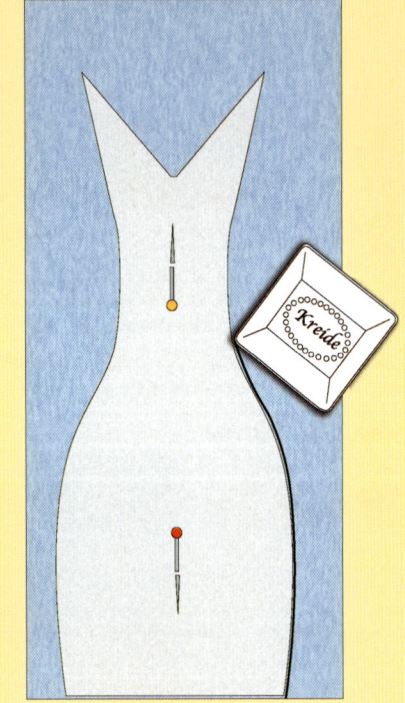

Material

- 2 Filzplatten, 2–3 mm dick
- 1 Bändchen, 35 cm
- Plusterstift/3D-Stift
- 2 Wackelaugen, ø 7 mm
- Klebstoff
- Nähgarn

Verarbeitung Eierwärmer Hase

zu Abbildung A

1. Den ausgeschnittenen Hasen mit Stecknadeln auf die zweite Filzplatte stecken und die Kanten mit einem Zickzackstich übernähen, dazu musst du einiges beachten:

- Den Anfang und das Ende der Naht gut verriegeln, damit sie nicht wieder aufgeht.

- Beginne an der unteren Kante und nähe bis zur Spitze des linken Ohres. Hier lässt du die Nähmaschinennadel im Filz stecken, hebst das Nähmaschinenfüßchen an und drehst den Filz. Dann senkst du wieder das Füßchen und nähst runter bis zur Kopfmitte. Auch hier lässt du die Nadel wieder in Tiefstellung, drehst den Filz um die Nadel und nähst bis zur Spitze des zweiten Ohres, wo du genau so vorgehst.

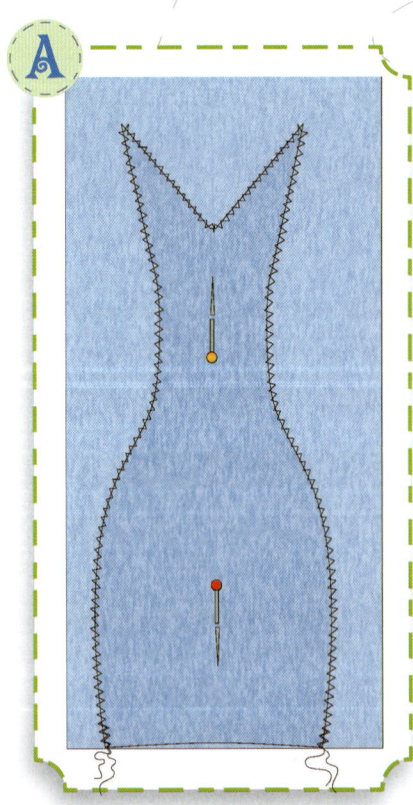

A

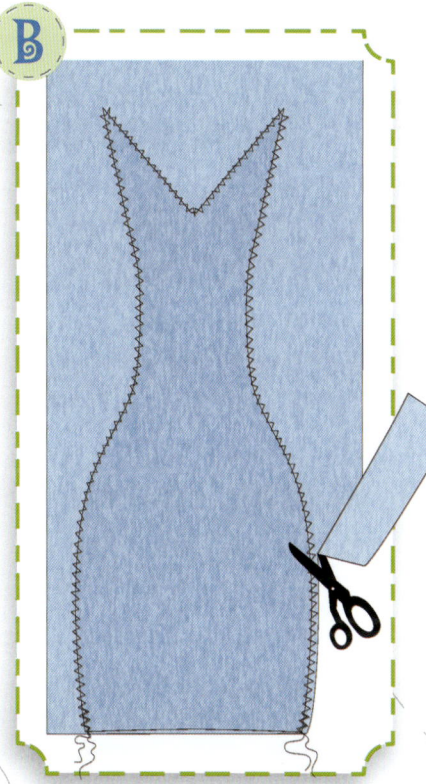

zu Abbildung B

2. Mit einer scharfen Stoffschere schneidest du nach dem Nähen den überstehenden Filz der unteren Platte ab. Die Zickzacknaht darf dabei nicht mit der Schere berührt werden.

zu Abbildung C

3. Ganz zum Schluss klebst du die Wackelaugen an und zeichnest die Nase mit dem Plusterstift oder 3D-Stift auf. Dann legst du dem Hasen noch das Band um den Hals und bindest es zu einer Schleife.

Zuschnitt Eierwärmer Monster

2 x Filzplatte,
je 12 cm x 12 cm

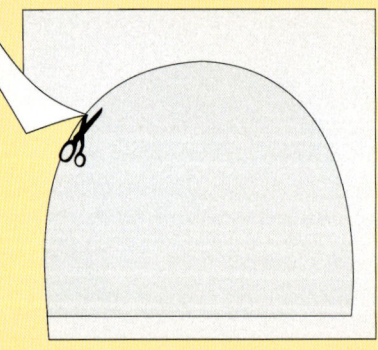
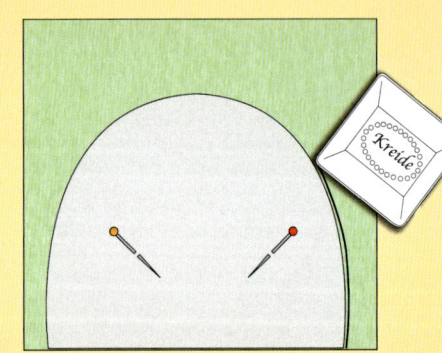

1. Die Schnittteile Nr. 3 (Körper), 4 (Haare) und 5 (Röckchen) von Seite 168 kopieren/abpausen und ausschneiden.

2. Das Schnittmuster Nr. 3 (Körper) mit einer Stecknadel auf einer Filzplatte feststecken und die Umrandung mit Kreide oder einem Markierstift nachzeichnen. Zunächst nur ein Filzteil zuschneiden.

3. Nr. 4 (Haare) und Nr. 5 (Röckchen) jeweils 1 mal aus dünnem Bastelfilz zuschneiden.

Material

- 2 Filzplatten, 2–3 mm dick
- Bastelfilze, 1 mm dick
- 1 Bändchen, 35 cm
- Plusterstift/3D-Stift
- 2 Wackelaugen, ø 7 mm
- Klebstoff
- Nähgarn

Verarbeitung Eierwärmer Monster

zu Abbildung A

1. Das zugeschnittene Teil Nr. 3 (Körper) steckst du nun mit Nadeln auf die zweite Filzplatte und übernähst die Kanten mit einem Zickzackstich. Verriegele den Anfang und das Ende der Naht gut, damit sie nicht wieder aufgeht.

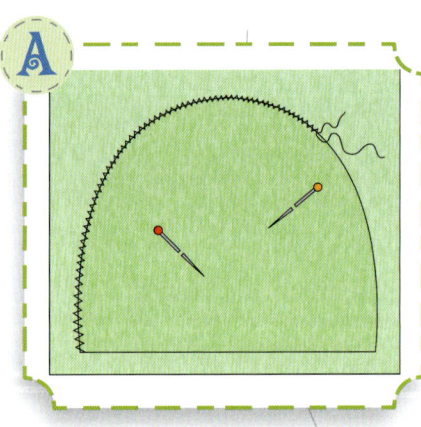

zu Abbildung B

2. Schneide den überstehenden Filz der unteren Platte nach dem Nähen mit der scharfen Stoffschere knapp ab. Die Zickzacknaht darf dabei nicht von der Schere berührt werden.

zu Abbildung C

3. Das Röckchen musst du nun auf die Breite des Körpers abstimmen. Schneide bei Bedarf vom Röckchen etwas ab. Anschließend klebst du es an die Unterkante des Körpers.

4. Stanze mit einem Locher oder einer Lochzange ungefähr 10 kleine farbige Kreise aus den Filzresten und klebe sie auf das Röckchen.

5. Ganz zum Schluss klebst du oben den Haarschopf an und die Wackelaugen auf das Gesicht. Male Nase und Mund mit dem Plusterstift auf.

25

Portemonnaie

Farbenfrohe Geldsammler

Material

- Filzrest
- Stoffrest
- Applikation
- Schmuckband, 60 cm
- 2 große Druckknöpfe zum Annähen
- Nähgarn

Diese beiden Portemonnaies kannst du aus nur einem kleinen Filzrest und mit nur zwei kleinen Nähten ganz schnell und leicht nachnähen. In Stoffgeschäften oder in den Bastelabteilungen gibt es viele kleine Applikationen, die man einfach nur aufbügeln muss. Die Auswahl ist riesig. Wenn die Applikationen nicht zum Aufbügeln sind, kannst du sie auch mit Heißkleber befestigen.

Werkzeug

Zuschnitt

Kleines Portemonnaie:

Filz, 25 cm x 9 cm

Wer mag, schneidet mit
der Zackenschere zu.

Verarbeitung

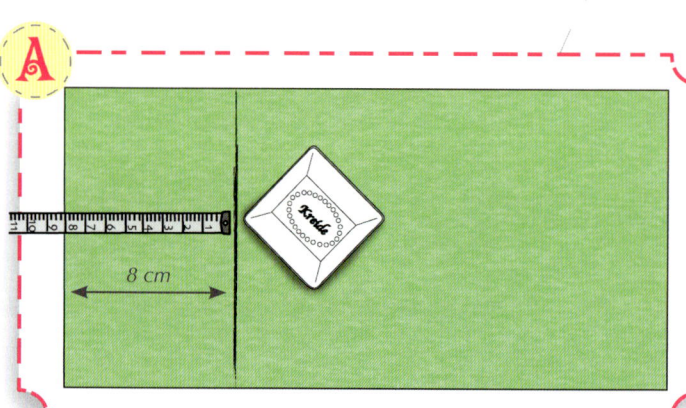

zu Abbildung A

1. Mit Schneiderkreide oder
einem Markierstift eine Linie
anzeichnen, die 8 cm
von der seitlichen
kurzen Kante
entfernt liegt.

zu Abbildung B

2. Befestige die Applikationen,
die du entweder mit einem
Bügeltuch aufbügelst, aufnähst oder festklebst.

zu Abbildung C

3. Das Filzstück auf die andere Seite umdrehen. Die gegenüberliegende Kante des Portemonnaies bis zur aufgezeichneten Linie hochklappen.

zu Abbildung D

4. Den Filz mit Nadeln feststecken und den Falz mit einem Bügeleisen und aufgelegtem Bügeltuch einbügeln.

5. Dann nähe die Seiten aufeinander.

6. Nähe die Druckknöpfe von Hand an. Lege die beiden Druckknopfhälften so auf Klappe und Beutel, dass sie später genau aufeinandertreffen. Achtung: unbedingt richtig herum auflegen, damit sie noch schließen. Nähe jede Hälfte mit Nadel und Faden durch die seitlichen Löcher fest.

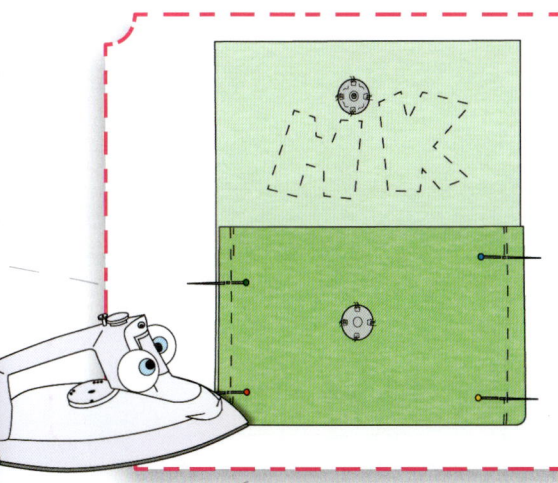

Zuschnitt

Großes Portemonnaie:

Filz, 32 cm x 15 cm,

Baumwollstoff, 23 cm x 14 cm,

Schmuckband, 60 cm,

Wer mag, schneidet mit
der Zackenschere zu.

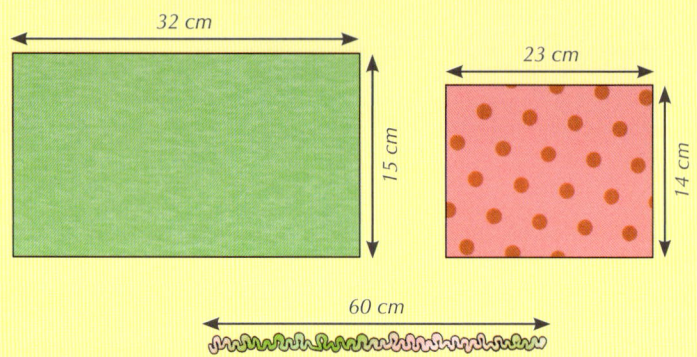

32 cm

15 cm

23 cm

14 cm

60 cm

Verarbeitung

zu Abbildung A

1. Mit Schneiderkreide oder einem
Markierstift zeichnest du auf dem
Filz eine Linie an, die 10 cm
von der linken seitlichen Kante
entfernt ist.

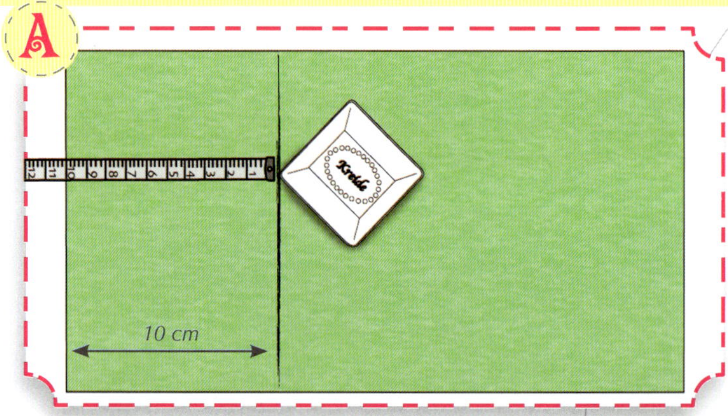

A

10 cm

zu Abbildung B

2. Das Stoffteil bügelst du an allen
vier Seiten 1 cm breit um. Hierzu solltest du dir ringsum 2 cm
breite Linien anzeichnen und
den Stoff dann bis zu dieser
Linie umschlagen.

B

zu Abbildung C

3. Den Stoff mit der linken Seite
auf den Filz stecken und knappkantig, also etwa 1–2 mm breit
festnähen.

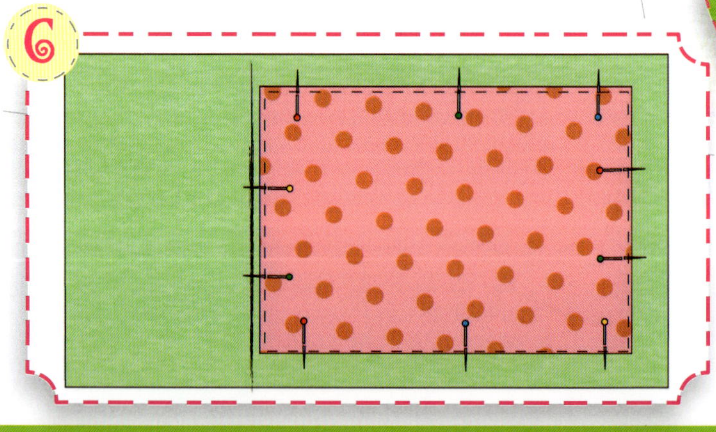

C

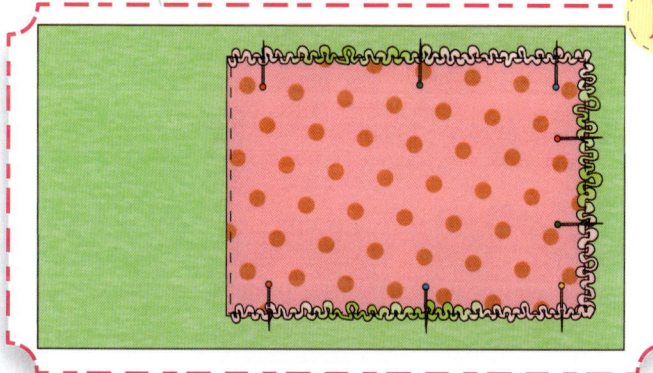

D

zu Abbildung D

4. Das Schmuckband entweder mit der Maschine oder mit kleinen Handstichen entlang der oberen, linken und rechten Stoffkante aufnähen. Das Filzteil umdrehen.

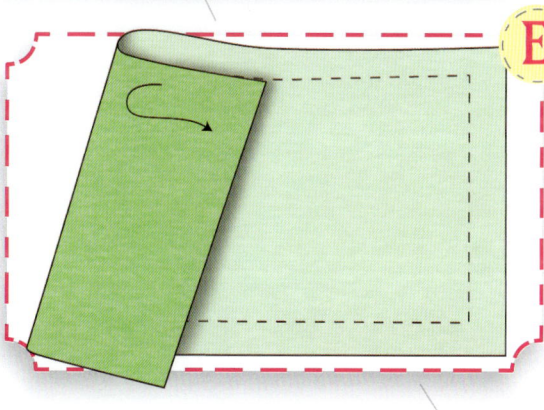

E

zu Abbildung E

5. Die linke Filzkante nun nach oben umschlagen und mit Nadeln feststecken. Den Falz mit dem Bügeleisen durch ein Bügeltuch hindurch einbügeln. Jetzt steppst du die Seitennähte aufeinander.

F

zu Abbildung F

6. Die Druckknöpfe musst du jetzt von Hand annähen (siehe Erklärung Modell 1).

7. Die Applikation bügelst du entweder mit einem Bügeltuch auf oder nähst sie mit der Hand fest.

iPod-Hülle

Schnell genähte Schutzhülle

Material

- 2 Filzplatten, 2–3 mm dick
- Bänder/Litzen
- Streuteile/Filz
- Applikationen
- Geschenkband
- Knöpfe
- Nähgarn

Sicherlich besitzt auch du einen iPod, ein Handy oder einen MP3-Player. Damit das Display nicht zerkratzt, kannst du aus zwei kleinen Filzplatten und einigen schönen Bändern eine Hülle dafür nähen. Auch aufgenähte Knöpfe oder kleine Applikationen sehen darauf prima aus. Solch eine Hülle zu nähen, gelingt auch Anfängern und ist außerdem ein tolles Geschenk für Freunde. Da alle Geräte unterschiedlich groß sind, solltest du noch vor dem Zuschneiden der Filzplatten die Größe des Schnittmusters mit deinem Gerät vergleichen.

Werkzeug

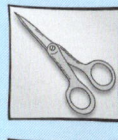

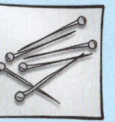

Zuschnitt

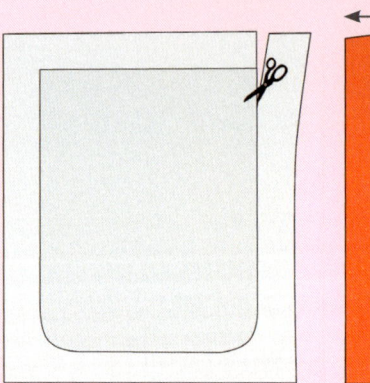
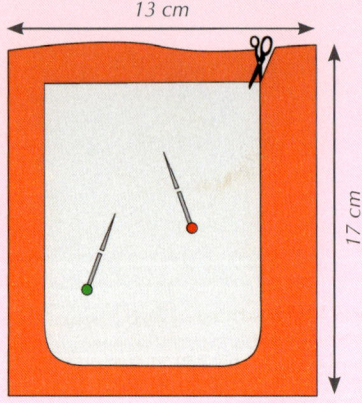

2 x Filzplatten, je 13 cm x 17 cm

1. Schnittteil Nr. 6 von Seite 169 kopieren und ausschneiden.

2. Das Schnittmuster mit Nadeln auf einer Filzplatte feststecken. Zeichne die Umrandung mit Kreide oder einem Markierstift nach. Die Hülle mit einer scharfen Schere ausschneiden. Zunächst nur ein Teil zuschneiden. Wenn du eine Zackenschere hast, kannst du auch diese benutzen. Probiere sie zunächst an einem Filzrest aus.

Verarbeitung

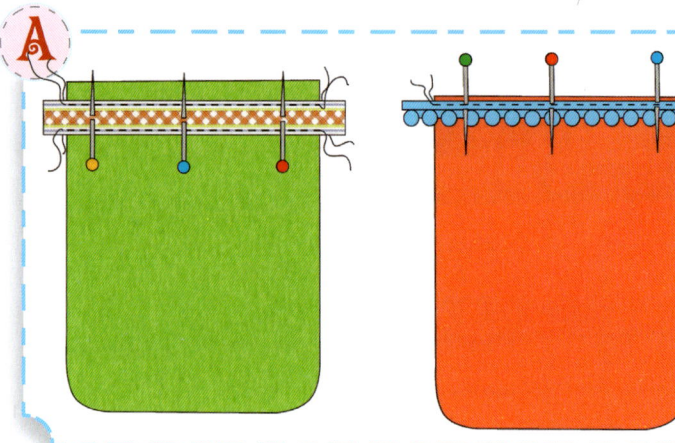

A

zu Abbildung A

1. Stecke dein Band an der oberen Kante mit Nadeln fest. Nähe es mit der Nähmaschine oder mit der Hand an.

B

zu Abbildung B

2. Auch die Applikationen kannst du nun aufbügeln oder aufnähen. Zum Aufbügeln solltest du ein Bügeltuch benutzen. Wie du eine Blume nähst, erfährst du auf Seite 72 beim Täschchen.

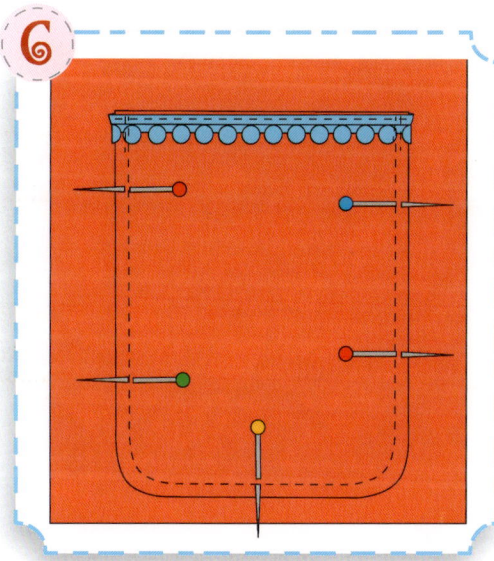

zu Abbildung C

3. Die fertige Vorderseite der iPod-Hülle steckst du jetzt mit Nadeln auf der zweiten Filzplatte fest. Die überstehenden Bandenden schlägst du nach innen ein. Nähe füßchenbreit an den Seiten und der Unterkante entlang. Verriegele den Anfang und das Ende der Naht gut, damit sie nicht wieder aufgeht.

zu Abbildung D

4. Schneide den überstehenden Filz der unteren Platte nach dem Nähen mit einer scharfen Stoffschere oder mit einer Zackenschere knapp ab. Die Naht darf dabei nicht von der Schere berührt werden.

Broschen

Kleine Rosetten zum Anstecken

Diese kleinen Broschen kannst du ganz schnell und ohne Nähmaschine aus alten Geschenkbändern, einigen Stoffresten und Knöpfen basteln.

Sie sehen an Jacken und T-Shirts klasse aus, aber auch als kleine Anstecker an Taschen werden sie dir sicherlich gefallen. Du kannst sie sogar als kleine „Orden" an Freunde verleihen, die vielleicht etwas außerordentlich Tolles geleistet haben. Dir fällt bestimmt etwas ein.

Material

- 14–15 cm Faltenband, 2 cm breit
- 16 cm Geschenkband, 1 cm breit
- 1 Pappkreis, Nr. 7
- 1 Rest Volumenvlies
- 1 Stoffkreis, Nr. 8
- Sicherheitsnadel
- 1 Applikation aus Filz

Zuschnitt

1. Die Teile Nr. 7 und 8 von Seite 168–169 kopieren und ausschneiden.

2. Lege die Schnittteile auf die Pappe, das Volumenvlies und auf den Stoff. Den Rand mit Kreide, Bleistift oder einem Markierstift nachzeichnen und zuschneiden.

Verarbeitung Modell Nr. 1

zu Abbildung A

1. Zunächst legst du die beiden schmalen Seiten des Faltenbandes übereinander, steckst sie mit einer Stecknadel fest und nähst sie mit einer Nähnadel zusammen. Die Naht wird mit dem Fingernagel auseinandergestrichen.

zu Abbildung B

2. Dann klebst du das Volumenvlies auf den Pappkreis.

zu Abbildung C

3. Zum Beziehen des Pappkreises nimmst du einen doppelt gelegten Faden und nähst mit 0,5 cm langen Stichen an der äußeren Kante des Stoffkreises entlang.

4. Dann legst du den Pappkreis mit der Seite, auf die das Volumenvlies geklebt wurde, nach unten auf den Stoffkreis und ziehst die Fadenenden so stramm wie möglich zusammen. Diese verknotest du sorgfältig.

zu Abbildung D

5. Nun klebst du den Pappkreis auf das Faltenband. Hierzu kannst du auch Heißkleber verwenden.

6. Zum Schluss klebst du das doppelt gelegte Geschenkband und das Filzteil an und steckst auf der Rückseite die Sicherheitsnadel fest.

Verarbeitung Modell Nr. 2

Material

- 35 cm Stoff-streifen, 7 cm breit
- 16 cm Geschenk-band, 1 cm breit
- Sicherheitsnadel
- 1 Filzkugel

A

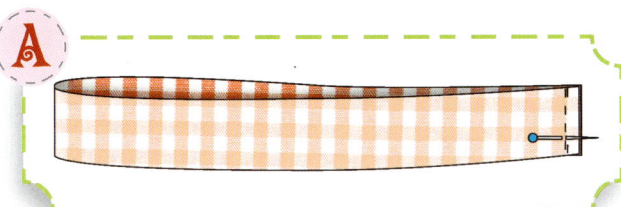

zu Abbildung A

1. Zunächst legst du die beiden schmalen Seiten des Stoffstreifens übereinander, steckst sie mit einer Stecknadel fest und nähst sie mit einer Nähnadel zusammen. Die Naht mit dem Finger-nagel auseinanderstreichen.

B

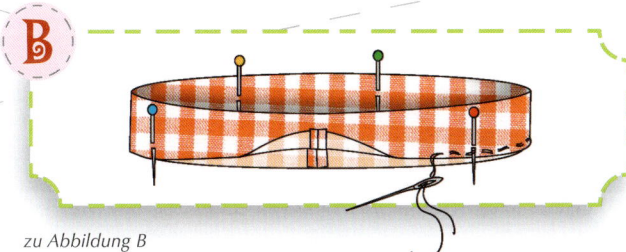

zu Abbildung B

2. Dann faltest du den Stoffring der Länge nach zur Hälfte, die beiden linken Stoffseiten liegen innen.

3. Nun fädelst du einen doppelt gelegten Nähgarnfaden, besser wäre Knopflochgarn, ein. Damit nähst du dann mit etwa 0,5 cm langen Stichen an der unteren Kante entlang. Anfang und Ende des Fadens dürfen nicht vernäht werden.

C

zu Abbildung C

D

zu Abbildung D

4. Nach dem Nähen ziehst du die beiden Faden-enden so stramm wie möglich zusammen und machst einen doppelten Knoten.

5. Mit Heißkleber oder anderem Flüssigkleber befestigst du die Filz-kugel sowie das Band und steckst auf der Rückseite die Sicherheitsnadel fest.

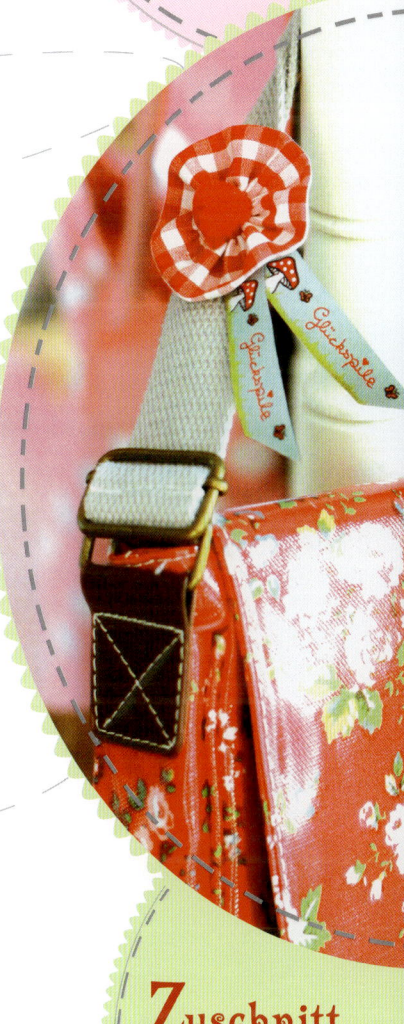

Zuschnitt

Stoffstreifen, 35 cm x 7 cm

Schlüsselanhänger

Tolles Geschenk

Das Nähen dieser Schlüsselanhänger wird dir sicher viel Freude bereiten, denn es sind nur wenige Nähte notwendig. Im Nu hast du dieses Geschenk für Freunde und Freundinnen fertig. Hier kannst du Gurtbänder oder Taschenbänder und jede Art von Web- oder Geschenkbändern miteinander kombinieren.

Modell Nr. 1

Du findest hier zwei unterschiedliche Verarbeitungen. Für ein Modell benötigst du eine spezielle Metallkappe, die du über die Bandenden schiebst. Solche Schlüsselbandrohlinge gibt es in Stoffgeschäften oder in Internetshops zu kaufen. Wenn du sie nicht im Geschäft bekommst, entscheide dich für das andere Modell.

Besonders hübsch wirken kleine Metallherzen oder Glöckchen, die du auf schmale Bänder ziehst und beim Zusammenpressen des Metallrohlings oder beim Zusammennähen mitfasst.

Beim Einschlagen der Metallteile sollte dir ein Erwachsener behilflich sein.

Material

- Gurtband
- Webband
- Zackenlitze
- 5 cm Satinband, 0,5 cm breit
- 1 Glöckchen/Herz
- 1 Schlüsselband-rohling, 3 cm breit
- 1 Schlüsselring
- Nähgarn

Werkzeug

Zuschnitt

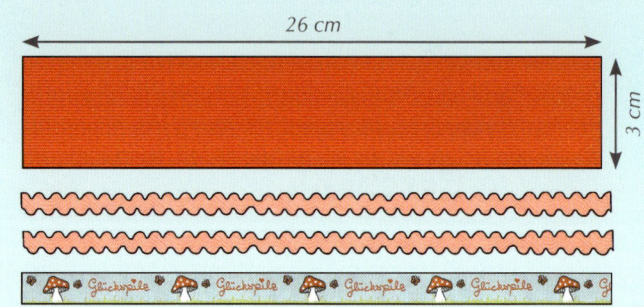

26 cm

3 cm

Gurtband: 26 cm, 3 cm breit

Webband: 26 cm, 1 cm breit

2 Zackenlitzen: je 26 cm, 1 cm breit

Verarbeitung Modell Nr. 1

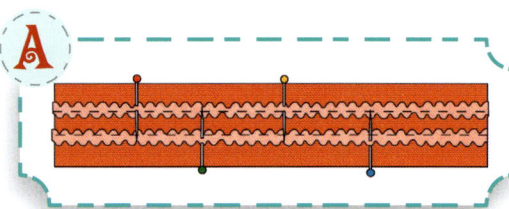

A

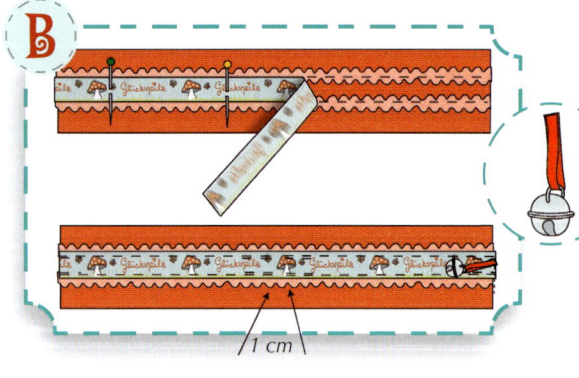

B

1 cm

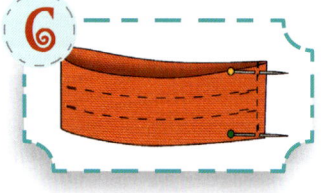

C

D

zu Abbildung A

1. Lege die Zackenlitzen so auf das Gurtband, dass nur noch die äußeren Zacken hervorschauen, wenn du das Webband darüberlegst. Nähe sie so auf, dass die Nähte der Litzen später vom Webband verdeckt werden.

zu Abbildung B

2. Nun nähst du das Webband knappkantig fest, in der Mitte lässt du aber 1 cm der Naht offen. Durch diese Öffnung ziehst du später den Schlüsselring. Anfang und Ende der Steppnähte solltest du sehr sorgfältig verriegeln.

3. Ziehe das kurze Satinband durch die Öse des Glöckchens. Dann legst du beide Enden des Satinbands auf das Gurtband und nähst sie mit der Nähmaschine fest.

zu Abbildung C

4. Dann faltest du das Band. Die Seite mit den aufgenähten Zackenlitzen und dem Glöckchen liegt dabei innen. Die beiden schmalen Seiten nähst du 0,7 cm breit aufeinander.

zu Abbildung D

5. Dann das Schlüsselband wenden und nochmals an der kurzen Seite absteppen, die Naht muss jetzt 1 cm breit sein. Nach dem Nähen sollten die Nahtzugaben zwischen den beiden Nähten eingeschlossen sein.

Modell Nr. 2

Verarbeitung Modell Nr. 2

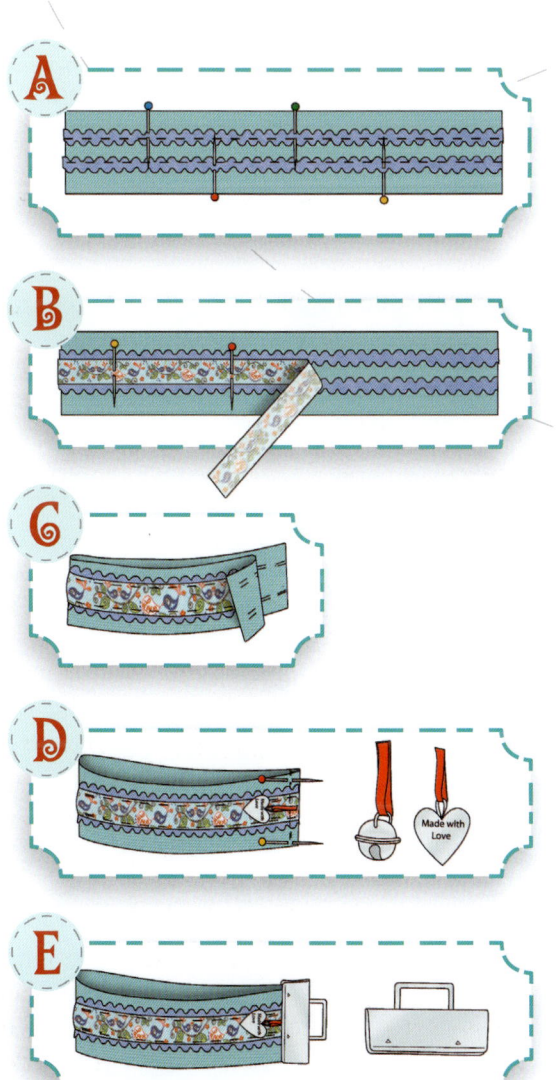

zu Abbildung A

1. Lege die Zackenlitze so auf das Gurtband, dass nur noch die äußeren Zacken hervorschauen, wenn du später das Webband in der Mitte darübernähst. Stecke alle Bänder sorgfältig mit Nadeln fest.

zu Abbildung B

2. Die beiden Zackenlitzen kannst du vorab festnähen oder nun zusammen mit dem Webband befestigen.

zu Abbildung C

3. Falte das Band zur Hälfte und nähe es an den schmalen Seiten fest.

zu Abbildung D

4. Das kurze Satinband durch die Öse des Glöckchens oder des Herzchens ziehen. Die Enden des Bändchens dann auf dem Gurtband festnähen.

zu Abbildung E

5. Das Schlüsselband zwischen die Metallschließe schieben, ein kleines Brettchen darüberlegen und mit kräftigen Hammerschlägen zudrücken. Hierfür solltest du einen Erwachsenen um Hilfe bitten.

Mini-Sparschwein

Hungrige Schweinchen

Diese kleinen Mini-Sparschweine sind schnell fertig und für dich als Nähanfänger geeignet. Du solltest dich aber schon etwas mit der Nähmaschine auskennen und auch enge Kurven nähen können.

Wenn dir das bereits gelingt, kannst du sofort mehrere Schweinchen zuschneiden, denn sie eignen sich auch toll zum Verschenken.

Material

- Filz, 2–3 mm dick, 15 cm x 20 cm, je Schweinchen

- Nähgarn

Werkzeug

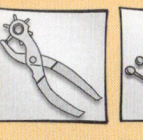

Zuschnitt

Aus Filz

2 x Filzrechteck: 15 cm x 10 cm

1. Schnittteil Nr. 1 von Seite 171 kopieren und ausschneiden.

2. Das Schnittmuster mit Stecknadeln auf eine der beiden Filzplatten stecken und die Umrandung mit Kreide nachzeichnen. Die Schweinchenform mit einer scharfen Schere zunächst nur **einmal** ausschneiden.

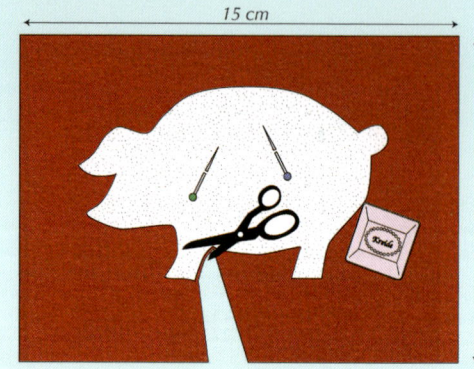

Verarbeitung

zu Abbildung A

1. Als Erstes musst du die Lage des Geldschlitzes markieren. Dazu legst du nach dem Zuschneiden das Schnittmuster nochmals auf das Filzschweinchen und überträgst die Einschnittlinie mit einem Bleistift oder Schneiderkreide. Du kannst Anfang und Ende des Schlitzes mit zwei Stecknadeln markieren und dann die beiden Punkte mit einem kleinen Lineal und Kreide verbinden.

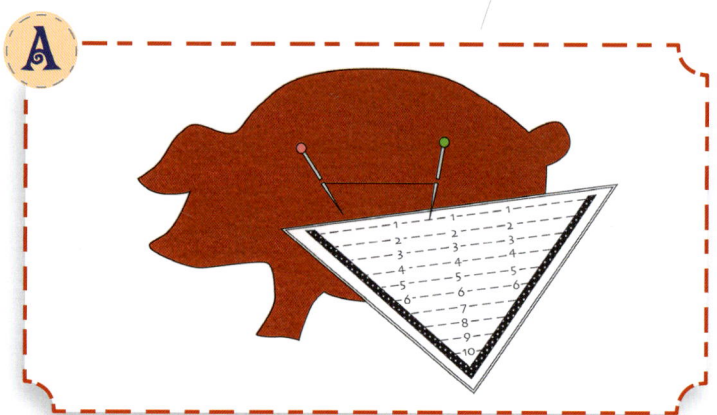

zu Abbildung B

2. Nun nimmst du die Lochzange und stanzt damit am Anfang und am Ende der aufgezeichneten Linie kleine Löcher heraus. Dann schneidest du mit einer möglichst scharfen Schere den Filz zwischen den beiden Löchern sorgfältig ein.

zu Abbildung C

3. Damit der Schlitz nicht einreißt, muss er umnäht werden. Lege dazu das Schweinchen unter das Nähmaschinenfüßchen und umnähe den Einschnitt 1–2 mm breit. Die Naht solltest du nicht verriegeln, das würde nicht so hübsch aussehen. Nimm lieber eine Nähnadel, ziehe die beiden Nähfäden auf die Rückseite und verknote sie. Nun ist die Vorderseite des Mini-Sparschweinchens fertig.

zu Abbildung D

4. Jetzt legst du die Vorderseite des Schweinchens auf die andere, noch rechteckige Filzplatte und steckst sie mit Nadeln darauf fest. Dann schiebst du die beiden Filzplatten unter das Nähmaschinenfüßchen. Folge dem Umriss des ausgeschnittenen Schweinchens und nähe 1–2 mm breit an der Kante entlang. Wenn du damit fertig bist, schneidest du den überstehenden Filz mit einer scharfen Schere ab.

Hühner

Lustige Vogelschar

Falls du in deiner Nähkiste nur kleine Stoffreste findest, ist dieses Nähprojekt genau das richtige für dich.

Zum Nähen der Hühner benötigst du zwei Stoffstücke. Für Beine, Kamm und Schnabel verwendest du kleine, dünne Filzreste (Bastelfilz). Gefüllt werden die Hühner mit etwas Füllwatte. Nähe sofort mehrere Exemplare, denn du kannst sie toll zu Ostern verschenken und sie eignen sich auch als kleines Nadelkissen.

Material

- Baumwollstoff: 12 cm x 25 cm
- Bastelfilz
- Füllwatte
- Nähgarn

Werkzeug

Zuschnitt

Aus Baumwolle
2 x Körper: 11 cm x 11 cm

Aus Filz
1 x Filzrechteck: 15 cm x 7 cm, für
1 x Schnabel, 2 x Füße, 1 x Kamm

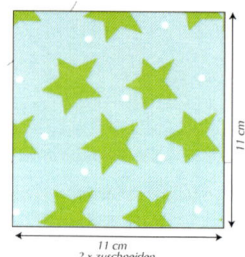

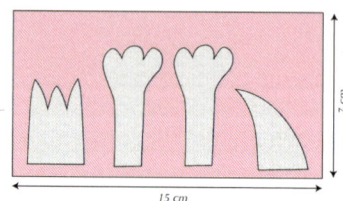

1. Schnittteile Nr. 2, Nr. 3 und Nr. 4 von Seite 170 kopieren und ausschneiden.

2. Die Schnittmuster mit Nadeln auf den Filzrest stecken und zuschneiden.

Verarbeitung

zu Abbildung A

1. Den Kamm und den Schnabel wie abgebildet auf eines der beiden Stoffstücke stecken und nur 1–2 mm breit, also innerhalb der Nahtzugaben, festnähen.

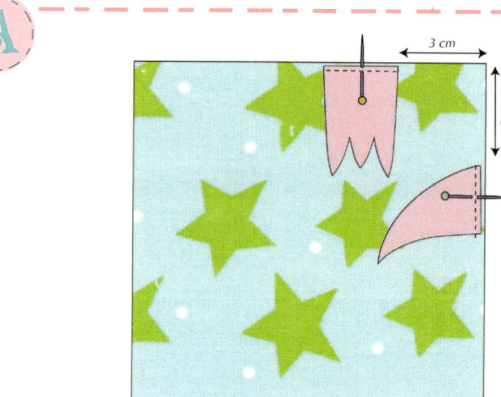

zu Abbildung B

2. Dann legst du die beiden Stoffquadrate aufeinander, die rechten Stoffseiten liegen innen. Nähe sie an drei Seiten aufeinander. Die untere Kante bleibt offen, die Ecken schneidest du anschließend schräg ab.

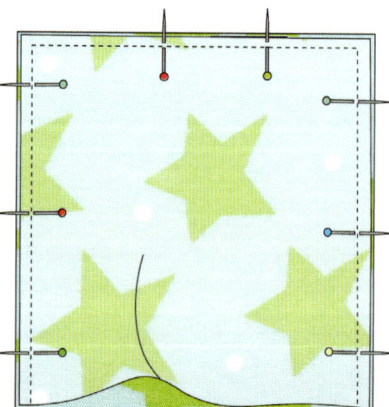

C

zu Abbildung C

3. Nachdem du die Kanten aufeinandergenäht hast, wendest du das Huhn auf die rechte Seite und drückst die Ecken sorgfältig mit einer Schere heraus. Dann bügelst du die Kanten vorsichtig flach.

4. Den Körper des Huhns füllst du mit Füllwatte.

D

zu Abbildung D

5. Nun legst du die beiden unteren Kanten so aufeinander, dass die Seitennähte in der Mitte liegen. Dann schiebst du die beiden Füße vorsichtig in die noch offene Seite, faltest die Nahtzugaben 1 cm nach innen und steppst die Kanten 1–2 mm breit aufeinander fest. Die Augen malst du mit einem Stift auf oder stanzt mit einer Lochzange zwei kleine Filzkreise aus, die du aufklebst.

Lesezeichen

Schnell genäht

Material

- Filz: 2–3 mm dick, 5 cm x 12 cm,
- Nähgarn
- Öse zum Einschlagen
- Webband: 1 cm x 25 cm

Wenn du eine kleine Leseratte bist, solltest du unbedingt diese Lesezeichen nähen, denn so findest du auch am nächsten Tag ganz schnell die zuletzt gelesene Seite wieder. Fertige mehrere Exemplare an, so hast du immer eins griffbereit.

Die Vorderseite des Lesezeichens schmückst du mit kleinen Applikationen und einer Öse, durch die du ein farbiges Band ziehst.

Werkzeug

Zuschnitt

1 x Filzrechteck: 5 cm x 12 cm
1 x Webband: 25 cm lang, 1 cm breit

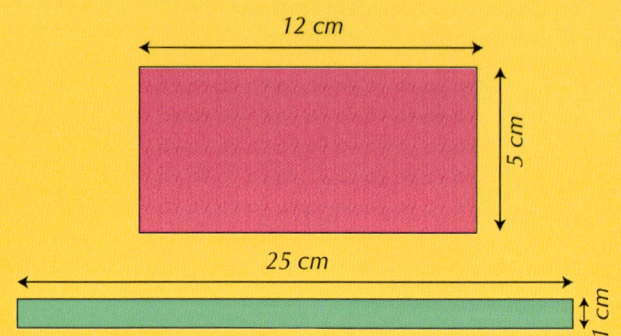

Verarbeitung

zu Abbildung A

1. Nachdem du das Lesezeichen mit einer scharfen Schere exakt zugeschnitten hast, werden die Außenkanten 2 mm breit abgesteppt.
Beim Absteppen der Kanten musst du das Lesezeichen an den Ecken drehen, damit du die nächste Seite nähen kannst. Damit dir das gelingt, lässt du die Nadel der Nähmaschine in Tiefstellung im Filz stecken, hebst dann das Nähmaschinenfüßchen an, drehst den Filz, senkst das Füßchen wieder ab und nähst dann die nächste Seite. So gehst du an allen Ecken vor. Zum Schluss verknotest du die beiden Nähfäden und vernähst sie mit einer Nadel im Filz.

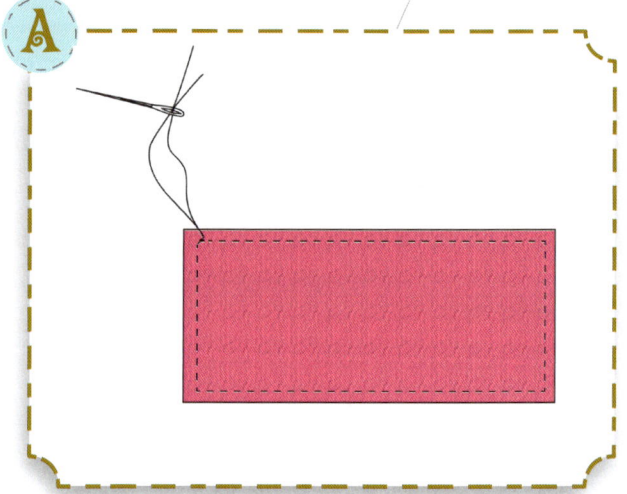

zu Abbildung B

2. Nun nimmst du die Lochzange und stanzt damit in der Mitte einer schmalen Seite, ungefähr 1 cm von der oberen Kante entfernt, ein Loch aus dem Filz. Dann schlägst du die Öse ein. Wie das funktioniert, ist in der Packungsbeilage beschrieben.
Hier sollte dir ein Erwachsener behilflich sein.

zu Abbildung C

3. Jetzt nähst du die Applikation auf. Wenn du mit der Nähmaschine nähst, solltest du, wie auch beim Absteppen von Ecken, die Nadel im Filz stecken lassen, dann das Lesezeichen drehen und anschließend vorsichtig weiternähen. Du kannst einzelne Stiche sehr exakt nähen, indem du das Handrad vorsichtig von Hand weiterdrehst.

Manche Applikationen kann man aufbügeln. Auf ihrer Rückseite befindet sich eine Klebe-schicht, die sich durch Erwärmen verflüssigt. Verwende zum Aufbügeln unbedingt ein Bügeltuch.

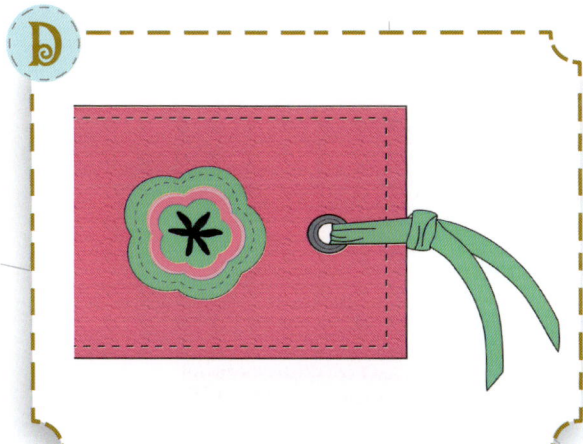

zu Abbildung D

4. Ganz zum Schluss ziehst du das Band durch die Öse und verknotest es. Die Enden schneidest du schräg ab, dann fransen sie nicht aus.

Kissen

Farbenfrohe Schmusekissen

Material

- Baumwollstoff
- Nähgarn

Werkzeug

Dieser Kopfkissenbezug ist auch etwas für Nähanfänger. Er entsteht aus nur einem rechteckigen Stoffstück. Man braucht auch kein Knopfloch zu nähen. Es sind nur 4 Nähte notwendig und schon ist dein Bezug fertig.

Den Verschluss von diesem Kopfkissen nennt man auch „Hotelverschluss", da man solche Kopfkissenbezüge häufig in Hotels findet. Mit diesen Bezügen lassen sich die Kissen schnell beziehen. Du solltest die beiden schmalen Kanten vor dem Nähen sorgfältig umbügeln, dann fällt dir das Feststeppen viel leichter.

Zuschnitt

Je nach Kissengröße schneidest du zu:

Kissengröße 40 cm x 40 cm: 42 cm x 100 cm

Kissengröße 50 cm x 50 cm: 52 cm x 120 cm

Kissengröße 80 cm x 80 cm: 82 cm x 180 cm

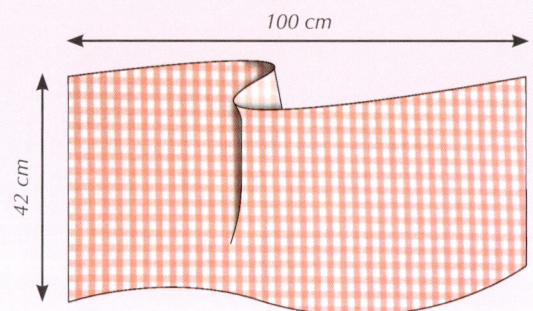

100 cm

42 cm

Verarbeitung

1. Umnähe alle Stoffkanten mit einem Zick-zackstich, damit sie nicht ausfransen.

zu Abbildung A

2. Zeichne mit einem Geodreieck und Schneiderkreide an den beiden schma-len Seiten eine Linie an, die 2 cm von der Stoffkante entfernt ist. Zeichne die Linie auf der linken Stoffseite an.

zu Abbildung B

3. Bügele den Stoffstreifen an den schma-len Seiten nun zunächst 1 cm weit nach links um. Die Kante des Stoffes stößt dabei direkt an die angezeichnete Linie.

zu Abbildung C

4. Schlage diese umgebügelte Kante an-schließend nochmals 1 cm breit nach links um und bügele wieder darüber.

zu Abbildung D

5. Lege diese vorgebügelte Kante unter das Nähmaschinenfüßchen. Die äußere rechte Stoffkante und die rechte Kante des Füßchens liegen direkt übereinan-der. Nähe nun die eingeschlagene Kante 0,7 cm breit fest. Dies nennt man „füßchenbreit ". Verriegele die Naht am Anfang und Ende sorgfältig. Diesen Arbeitsschritt an beiden schmalen Seiten durchführen.

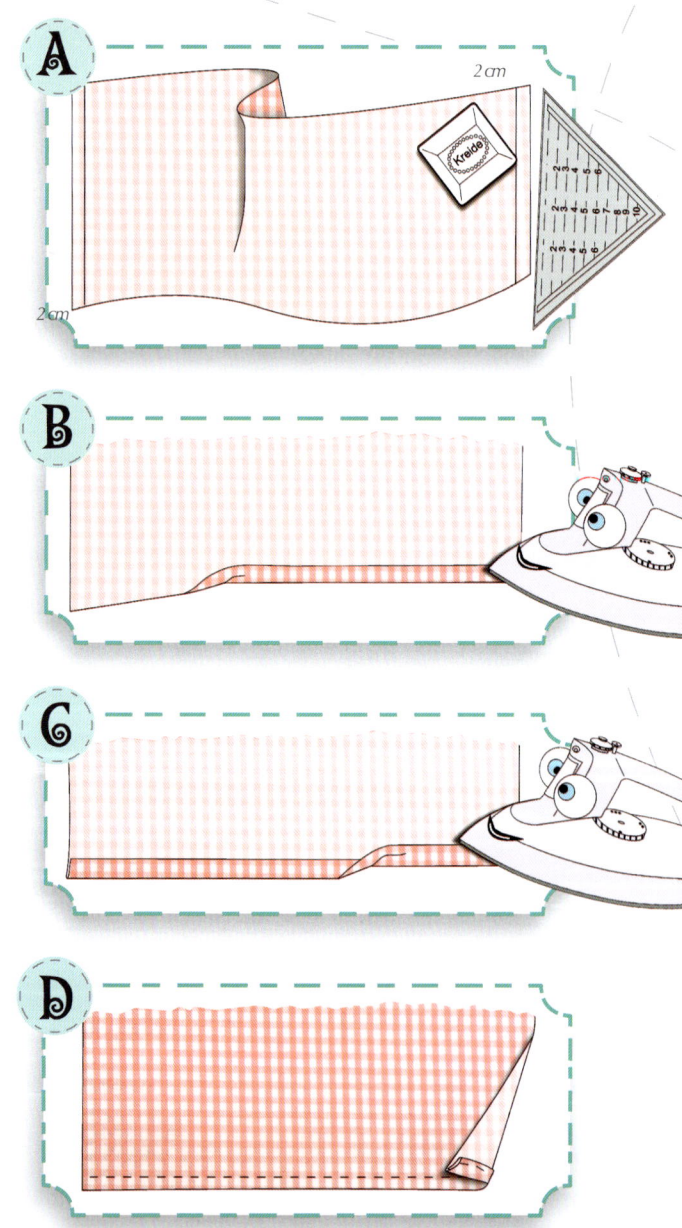

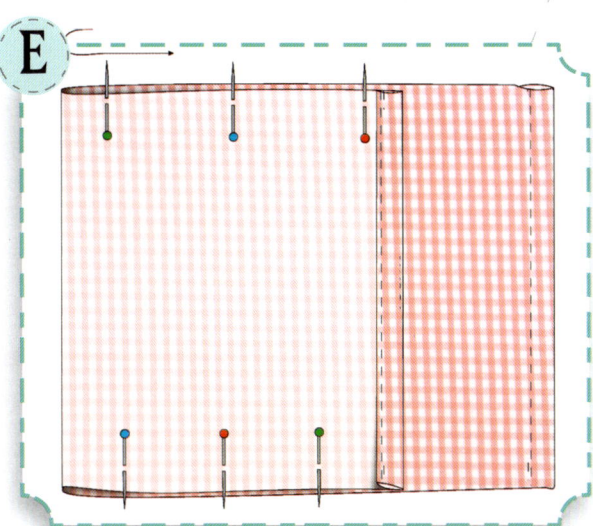

zu Abbildung E

6. Lege nun den Stoffstreifen mit der linken Stoffseite nach unten auf den Tisch. Falte dann die linke schmale Seite 40 cm (50 cm, 80 cm) weit nach rechts, die beiden rechten Stoffseiten liegen nun übereinander. Stecke den Stoff an der oberen und unteren Kante mit Nadeln aufeinander fest.

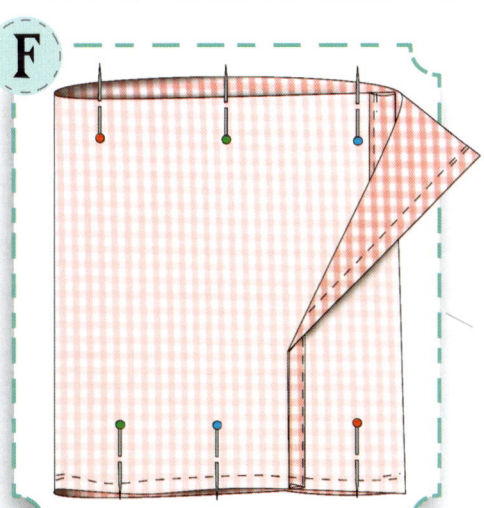

zu Abbildung F

7. Falte die überstehende Seite über die zuvor umgeschlagene Seite und stecke sie ebenfalls mit Nadeln fest.

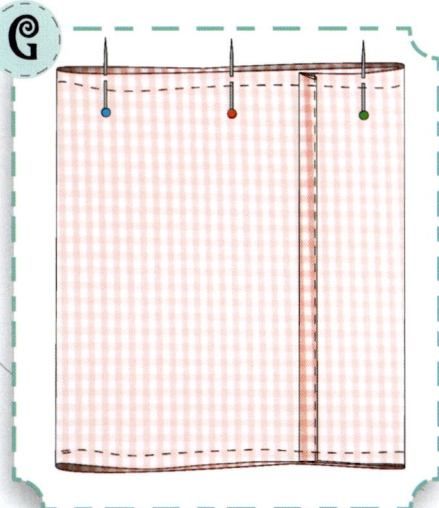

zu Abbildung G

8. Nähe dann die obere und untere Kante füßchenbreit (0,7 cm breit) aufeinander.

9. Zum Schluss wendest du das Kissen auf die Vorderseite, so dass die rechte Stoffseite außen ist. Rolle die Nahtzugaben mit den Fingern heraus und bügele die Kanten flach.

Tipp

Du kannst die Vorderseite mit Bändern oder einer Zackenlitze verzieren. Diese solltest du unbedingt vorher aufnähen. Zeichne dir dazu die Lage der Bänder mit Schneiderkreide auf.

Kleine Beutelchen

Platz für Allerlei

Material

- Baumwollstoff
- Nähgarn
- 2 Bänder/vorge-bügelte Schrägbän-der je Säckchen

Diese kleinen Beutelchen zum Aufbewahren von allerlei Kleinkram sind schnell und einfach zu nähen. Es gibt sicherlich auch in deinem Zimmer eine Ecke, in der du sie aufhängen kannst. Die Säckchen kannst du in zwei verschiedenen Größen nähen, je nachdem, wofür du sie benutzen willst. Verwende einen möglichst festen Stoff. Die Aufhänger kannst du aus alten Band-resten nähen. Hier wurden vorgebügelte Schrägbänder benutzt. Diese kannst du in Stoffgeschäften fertig kaufen.

Werkzeug

61

Zuschnitt

52 cm / 34 cm

15 cm / 10 cm

Kleine Beutelchen: 10 cm x 34 cm

Große Beutelchen: 15 cm x 52 cm

2 Bänder (Aufhänger), je 14 cm

Verarbeitung

Beutelteil

1. Umnähe die Kanten des großen Stoffstückes mit einem Zickzackstich.

zu Abbildung A

2. Mit einem Geodreieck/Maßband und Schneiderkreide musst du nun an den beiden schmalen Seiten eine Linie anzeichnen, die 8 cm (kleine Tasche) oder 12 cm (große Tasche) von der Stoffkante entfernt ist. Zeichne die Linie auf die linke Stoffseite.

A 12 cm / 8 cm

12 cm / 8 cm

B

6 cm / 4 cm   6 cm / 4 cm

zu Abbildung B

3. Bügele den Stoff hier nun 4 cm/6 cm nach links um. Die Kante des Stoffes stößt dabei direkt an die angezeichnete Linie. Stecke die Kante mit Stecknadeln fest.

zu Abbildung C

4. Lege die vorgebügelte Kante nun unter das Nähmaschinenfüßchen und steppe sie 3 cm/5 cm breit ab.
Verriegele die Naht am Anfang und Ende.

5. Falte nun das Stoffteil, so dass die beiden kurzen Stoffseiten aufeinanderliegen. Die linke Stoffseite liegt außen.

6. Stecke die beiden Seitenkanten mit Stecknadeln aufeinander fest. Achte besonders auf die oberen Kanten, sie sollten ganz genau übereinanderliegen.

7. Nähe nun die äußeren Kanten 1 cm breit aufeinander fest. Verriegele Nahtanfang und Nahtende.

8. Nach dem Nähen wendest du die Tasche, so dass die rechte Stoffseite außen liegt. Bügele die Kanten.

Aufhänger

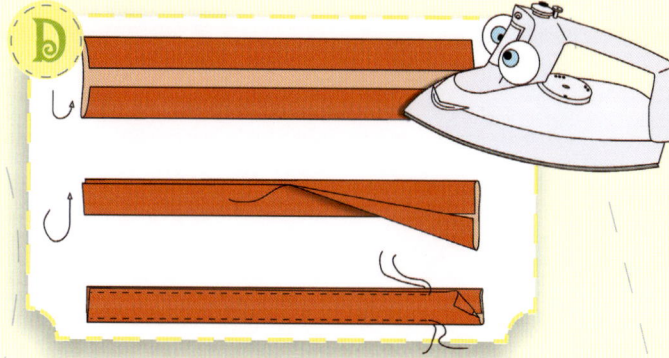

zu Abbildung D

1. Am Schrägband bügelst du noch einmal über die Kanten, damit sie schön flach liegen.

2. Dann faltest du diesen Stoffstreifen zur Mitte hin und bügelst ihn erneut. Die Kanten sollten genau aufeinanderliegen.

3. Nun wird das Band an beiden Seiten knappkantig, also 1–2 mm breit, abgesteppt und zur Hälfte gefaltet.

4. Markiere die Mitte des Beutels. Stecke das gefaltete Band 1 cm tief ins Tascheninnere. Lege das Säckchen unter die Nähmaschine und riegele die Bänder fest, indem du mehrmals mit der Nähmaschine hin- und hernähst. Du nähst für die Vorderseite und für die Rückseite jeweils einen Aufhänger.

Mappenhülle

Platz für Lieblingszeitschriften

Material

- Baumwollstoff
- Vlieseline
- Zackenlitzen
- Nähgarn

Diese Mappenhülle bietet Platz für deine Lieblingszeitschriften, für Schnellhefter oder auch für kleinere Bildchen, die du vielleicht sammelst. Du solltest die Hülle aus einem möglichst festen Baumwollstoff nähen, oder du bügelst Vlieseline auf die linke Stoffseite. Das macht den Stoff fester und steifer.

Auf die Vorderseite kannst du jede Art von Bändern aufnähen. Du kannst auch Applikationen aufbügeln oder Muster mit der Nähmaschine aufsticken.

Werkzeug

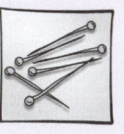 
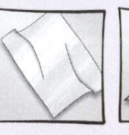 

Zuschnitt

2 Baumwollstoffstücke,
je 62 cm x 38 cm

1 Stück aufbügelbare
Vlieseline, 62 cm x 38 cm

Zackenlitzen/Bänder,
je 38 cm

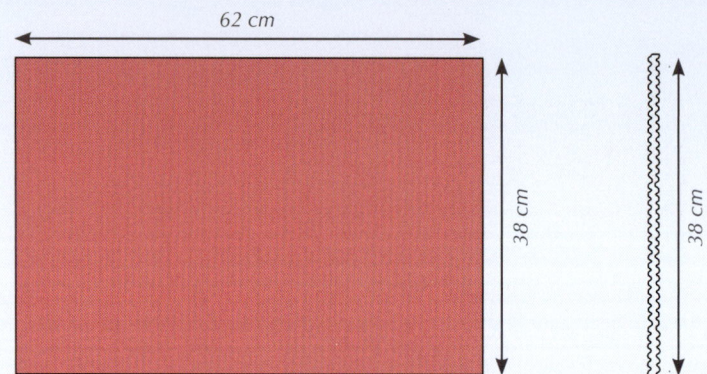

Verarbeitung

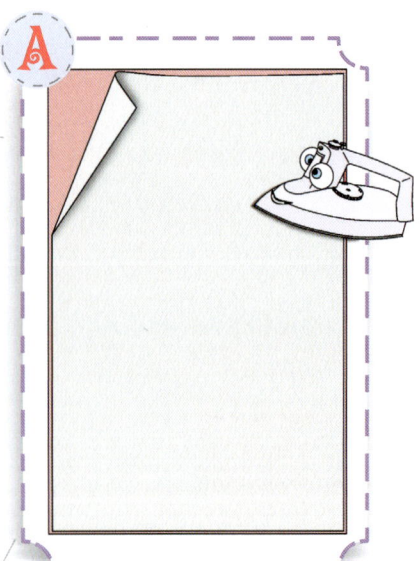

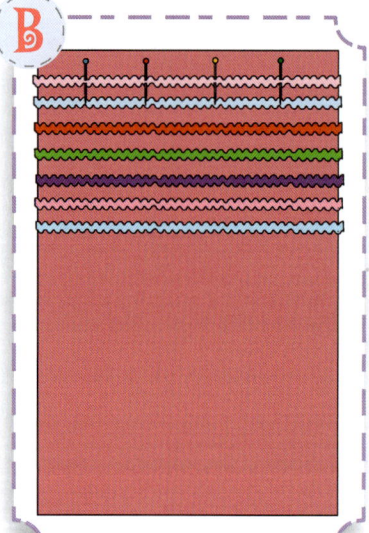

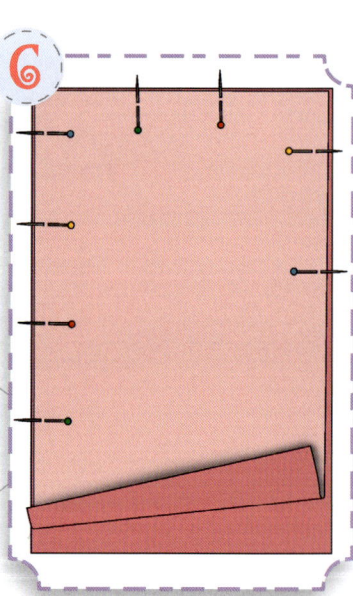

zu Abbildung A

1. Wenn dein Stoff sehr dünn ist, musst du unbedingt Vlieseline auf die linke Seite eines der Stoffstücke bügeln. Benutze dazu ein Bügeltuch. Wie du sie aufbügelst, ist auf den Rand der Vlieseline aufgedruckt.

zu Abbildung B

2. Stecke nun alle Bänder oder Zackenlitzen fest, die du aufnähen möchtest. Das erste Band sollte ungefähr einen Abstand von 3 cm zur oberen Kante haben. Kennzeichne die Lage mit Schneiderkreide und einem Geodreieck.

zu Abbildung C

3. Stecke dann das zweite Stoffstück so auf das andere Rechteck, dass die beiden rechten Stoffseiten innen liegen.

D

10 cm

zu Abbildung D

4. Nähe dann die Kanten 1 cm breit aufeinander, nur an einer langen Seite lässt du einen 10 cm breiten Schlitz offen.

5. Nach dem Nähen schneidest du alle Nahtzugaben auf 2–3 mm zurück, die Ecken der Nahtzugabe schneidest du schräg ab. Dicke Nähte wären unschön auf der Vorderseite sichtbar.

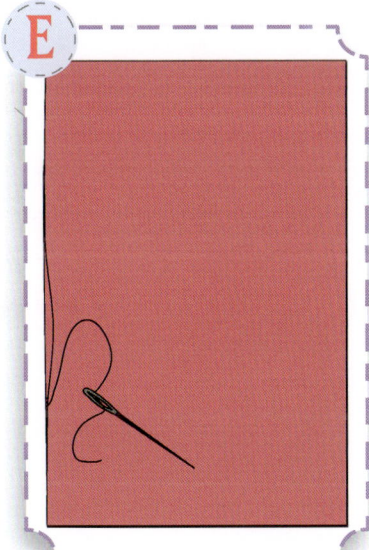

E

zu Abbildung E

6. Nun wendest du die beiden Stoffstücke durch die Öffnung und nähst die offene Stelle mit der Hand zu. Die Kanten musst du flachbügeln.

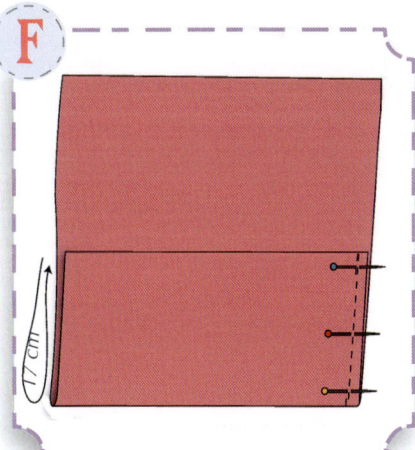

F

17 cm

zu Abbildung F

7. Ganz zum Schluss schlägst du die untere Kante der Mappenhülle ungefähr 17 cm nach oben um und steckst sie mit Nadeln fest. Die Seiten nähst du dann 1 cm breit aufeinander.

Täschchen

Immer einsatzbereit

Diese kleinen Stofftäschchen kann man immer gebrauchen und sie sind nicht schwer zu nähen. Du brauchst nur 3 Stoffstücke, nämlich das große Taschenteil und 2 Tragegriffe. Mit diesen Täschchen kannst du nicht nur Kleinigkeiten transportieren, nein, sie eignen sich auch zur Aufbewahrung von kleineren Dingen in deinem Zimmer. In ihnen können Wollreste, Briefchen, Haarschmuck und vieles mehr schön verstaut werden. Auch Freundinnen freuen sich sehr, wenn du ihnen darin das Geburtstagsgeschenk überreichst.

Material

- Baumwollstoff
- Nähgarn
- Geschenkband, 90 cm lang, 1 cm breit
- Streuteil aus Filz
- Knopf

Werkzeug

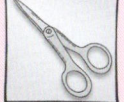
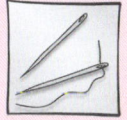

Zuschnitt

1 Stoffrechteck
(Taschenteil),
52 cm x 22 cm

2 Stoffstreifen
(Tragegriffe),
36 cm x 10 cm

2 x Tragegriffe

52 cm

22 cm

36 cm

36 cm

10 cm   10 cm

Verarbeitung

Taschenteil

zu Abbildung A

1. Umnähe die Kanten des großen
Stoffstückes mit einem Zickzackstich.

2. Mit einem Geodreieck/Maßband
an den beiden schmalen Seiten
eine Linie anzeichnen, die 10 cm
von der Stoffkante entfernt ist.
Zeichne die Linie auf der linken
Stoffseite und benutze dazu
Schneiderkreide.

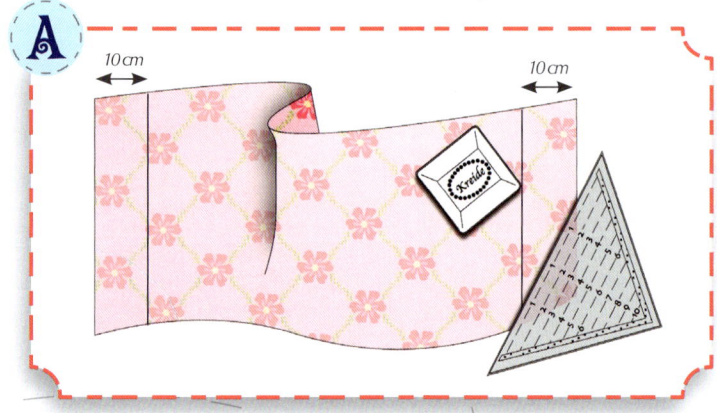

A

10 cm   10 cm

zu Abbildung B

3. Bügele den Stoffstreifen an diesen
schmalen Seiten nun 5 cm nach
links um. Die Kante des Stoffes
stößt dabei direkt an die angezeichnete Linie. Stecke die Kante
mit Stecknadeln fest.

4. Lege das Taschenteil unter das
Nähmaschinenfüßchen und steppe
die umgebügelten Kanten 4,5 cm
breit fest. Verriegele die Naht am
Anfang und Ende sorgfältig.

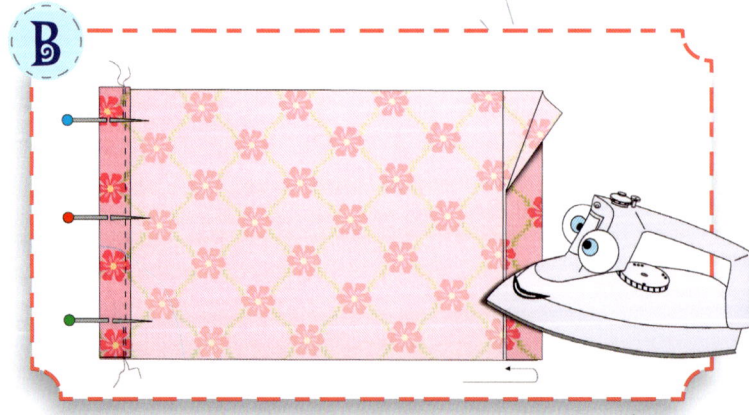

B

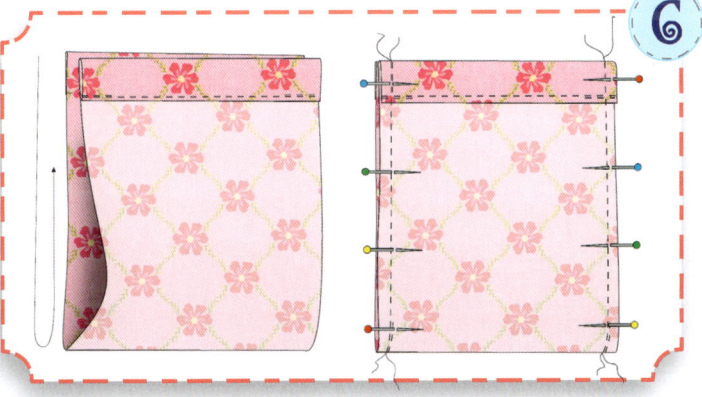

zu Abbildung C

5. Falte nun das Taschenteil, so dass die beiden kurzen Kanten aufeinanderliegen. Die rechten Stoffseiten liegen innen.

6. Stecke die beiden Seitenkanten mit Stecknadeln aufeinander fest. Achte besonders auf die oberen Kanten, die sollten ganz genau übereinanderliegen. Nähe nun die Seitenkanten aufeinander fest. Verriegele Nahtanfang und Nahtende. Nach dem Nähen wendest du die Tasche, so dass die rechte Stoffseite außen ist, und bügelst die Kanten.

Stoffstreifen/Tragegriffe:

zu Abbildung D

7. Zeichne mit Schneiderkreide und mit Hilfe eines Geodreiecks an den beiden langen Seiten eine 2 cm breite Linie an. Zeichne auf der linken Stoffseite. Bügele die langen Seiten dann so um, dass die Stoffkante direkt an die aufgezeichnete Linie stößt. Das machst du mit beiden langen Seiten.

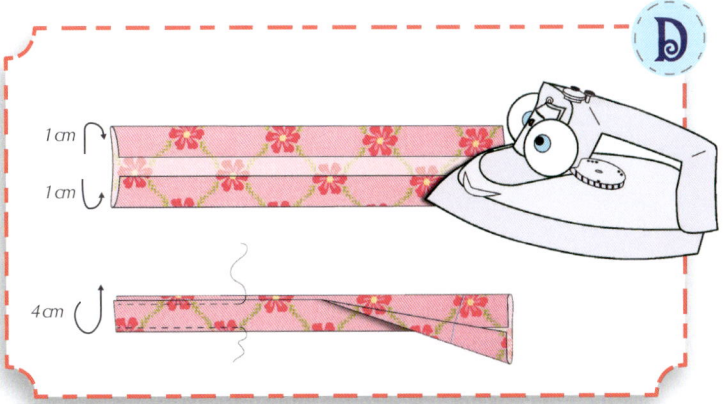

8. Nun faltest du diesen Stoffstreifen nochmals zur Mitte hin und bügelst ihn. Die langen Kanten sollten genau aufeinanderliegen. Stecke sie mit Stecknadeln fest. Dann wird der Tragegriff an beiden langen Seiten knappkantig, also 2–3 mm breit, abgesteppt. Die schmalen Kanten versäuberst du mit einem Zickzackstich.

zu Abbildung E

9. Die kurzen Enden der fertigen Tragegriffe steckst du nun 5 cm tief ins Tascheninnere, der Abstand zu den Seiten beträgt 3 cm. Stecke die Griffe mit Nadeln fest. Nähe dann die Tragegriffe an der oberen Taschenkante und zusätzlich noch in der unteren Steppnaht fest.

E

Blume:

zu Abbildung F

10. Falte das Geschenkband immer 4 cm lang wie abgebildet aufeinander. Nähe das Band nach jeder gelegten Schlaufe in der Mitte mit einigen Nadelstichen fest. Das machst du insgesamt 10 mal. Versuche die einzelnen Schlaufen regelmäßig übereinanderzulegen. Zum Schluss schneidest du das übrig gebliebene Band ab und vernähst den Faden. Dann nimmst du einen neuen Faden, vernähst ihn in der Mitte und befestigst an der Vorderseite ein Filzteil und einen Knopf. Mit einigen Nadelstichen nähst du die Blüte an der Tasche fest.

F

Haargummis

Farbenfroher Haarschmuck

Wenn du längere Haare hast, dann kannst du sicherlich neuen Haarschmuck gut gebrauchen. Er ist schnell genäht und du benötigst lediglich ein Stoffstück und ein Gummiband. Nimm ein Gummiband, das für Bekleidungsstücke verwendet wird. Es darf kein Haargummi sein. Schneide gleich mehrere Stoffstücke zu, denn Haargummis kann man nie genug haben.

Material

- Baumwollstoff
- 14 cm Gummiband, 1 cm breit
- Nähgarn
- Knopflochgarn

Werkzeug

Zuschnitt

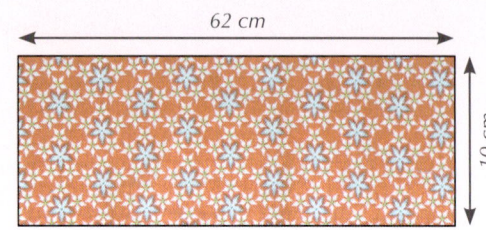

62 cm

10 cm

1 Baumwollstoffrechteck, 62 cm x 10 cm

14 cm Gummiband, 1 cm breit

Verarbeitung

A

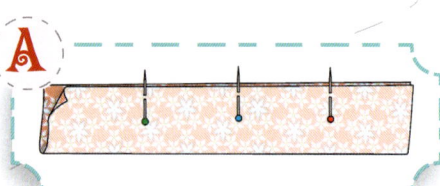

zu Abbildung A

1. Falte das Stoffstück der Länge nach, so dass die rechten Stoffseiten innen liegen. Stecke die langen Kanten mit Nadeln aufeinander.

B

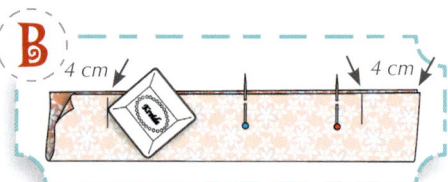

4 cm 4 cm

zu Abbildung B

2. Mache dir dann zwei Markierungen, die 4 cm von den Außenkanten entfernt sind.

C

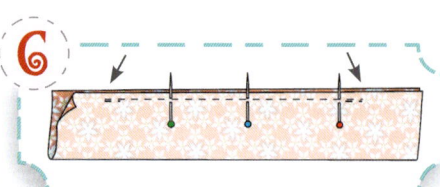

zu Abbildung C

3. Nähe den Stoffstreifen zwischen diesen Markierungen ungefähr 1 cm breit zusammen.

zu Abbildung D

4. Nimm anschließend einen doppelt gelegten Nähgarnfaden, besser wäre Knopflochgarn, und fädele ihn in die Stopfnadel. Nähe den Faden an einer kurzen Kante des Stoffes fest, wie abgebildet.

zu Abbildung E

5. Schiebe die Stopfnadel dann mit dem Nadelöhr, also mit der stumpfen Seite voran, durch den Stoffschlauch und wende somit das Stoffstück.

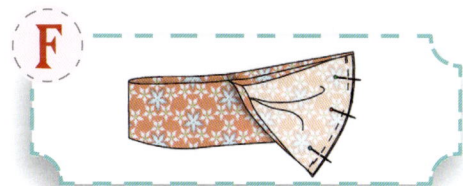

zu Abbildung F

6. Stecke dann die beiden schmalen Seiten aufeinander, wobei die beiden rechten Stoffseiten aufeinanderliegen müssen. Nähe sie 1 cm breit zusammen.

zu Abbildung G

7. Mit Hilfe einer Sicherheitsnadel ziehst du das Gummiband ein. Stimme die Länge auf die Dicke deines Zopfes ab. Die Enden des Gummibandes legst du dann übereinander und nähst sie mit der Maschine oder von Hand besonders fest aufeinander.

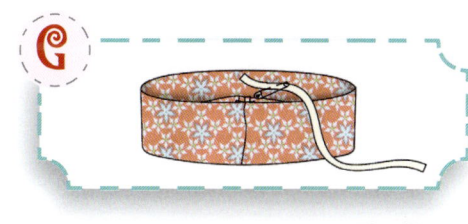

zu Abbildung H

8. Die Öffnung am Stoff nähst du mit einigen Stichen von Hand zu.

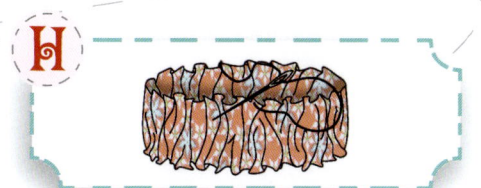

Brillentäschchen

Schützt vor Kratzern

Werkzeug

Sicherlich besitzt du auch eine Sonnenbrille. Um sie vor Kratzern zu schützen, kannst du aus zwei Stoffstücken dieses Brillenetui leicht selbst nähen. Damit die Brille gut geschützt wird, liegt zwischen den beiden äußeren Stofflagen Volumenvlies. Das ist ein bauschiges Vlies, das an Watte erinnert. Du bügelst es mit Hilfe eines Bügeltuches auf die linke Stoffseite. Anstatt der stoffbezogenen Knöpfe kannst du natürlich auch jeden anderen Knopf nehmen, der dir gefällt. Wenn du eine sehr breite Sonnenbrille besitzt, dann kontrolliere die Maße und verändere sie entsprechend.

Zuschnitt Modell Nr. 1

2 x Baumwollstoff, 28 cm x 21 cm

1 x Volumenvlies, 28 cm x 21 cm

1 Stoffkreis, ø 4,5 cm

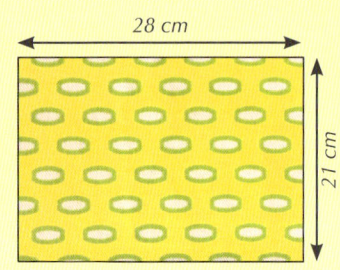

28 cm

21 cm

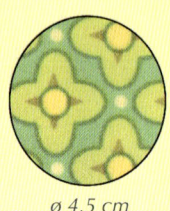

ø 4,5 cm

Material

- Baumwollstoff
- aufbügelbares Volumenvlies
- Bändchen, 38 cm
- Knopf, ø 2,5 cm

Verarbeitung Modell Nr. 1

Brillentäschchen:

A

zu Abbildung A

1. Zunächst musst du das Volumenvlies mit Hilfe eines Bügeltuches auf die linke Stoffseite bügeln.

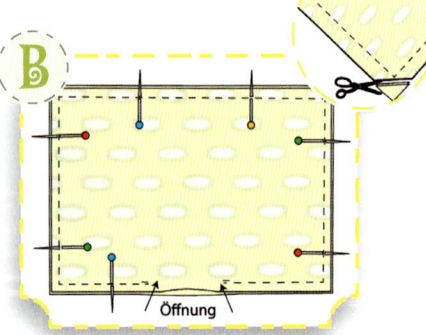
B

Öffnung

zu Abbildung B

2. Nun werden die beiden Stoffstücke so aufeinandergenäht, dass die rechten Stoffseiten innen liegen. An einer langen Seite musst du eine circa 5–6 cm breite Öffnung zum Wenden offen lassen. Schneide alle Kanten auf 2–3 mm zurück. Die Ecken schneidest du schräg ab.

C

zu Abbildung C

3. Greife in die Öffnung und wende die beiden Stoffstücke. Die Ecken werden mit einer Schere herausgedrückt und die Kanten flachgebügelt.

4. Die Öffnung wird mit einigen Handstichen zugenäht.

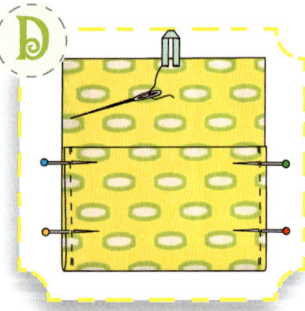
D

zu Abbildung D

5. Lege das genähte Teil auf den Arbeitstisch, so dass die kurzen Kanten oben und unten liegen. Falte die Unterkante 10 cm weit nach oben. Stecke die seitlichen Kanten mit Nadeln fest. Nähe die Kanten dann circa 1 cm breit aufeinander.

Bezogener Knopf:

zu Abbildung A

1. Zum Beziehen des Knopfes nimmst du einen doppelt gelegten Faden und nähst mit 0,5 cm großen Stichen an der äußeren Kante des Stoffkreises entlang.

zu Abbildung B

2. Nun legst du den Knopf in die Mitte und ziehst den Stoff vorsichtig an, bis er sich stramm und gleichmäßig um den Knopf gelegt hat. Jetzt verknotest du die Fadenenden sorgfältig.

zu Abbildung C

3. Das kleine Stückchen Band nähst du mit einigen Hand-stichen als kleine Schlaufe an die obere Klappe des Brillen-etuis. Die Schlaufe machst du so groß, dass der Knopf noch bequem hindurchrutscht.

zu Abbildung D

4. Den Knopf nähst du mit einem doppelt gelegten Faden an. Um-wickle die Fäden unter dem Knopf, dadurch wird der Stiel stabiler.

Zuschnitt Modell Nr. 2

2 x Baumwollstoff, 38 cm x 13 cm
1 x Volumenvlies, 38 cm x 13 cm
6 Stoffkreise, ø 5 cm

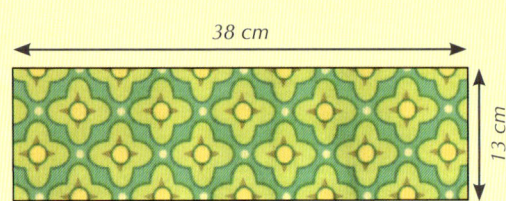

38 cm

13 cm

ø 5 cm

Material

- Baumwollstoff
- Stoffreste
- Rüschenlitze
- aufbügelbares Volumenvlies
- Knopf

Verarbeitung Modell Nr. 2

Brillenhülle

zu Abbildung A

1. Zunächst musst du das Volumenvlies mit Hilfe eines Bügeltuches auf die linke Stoffseite eines Stoffrechtecks bügeln.

A

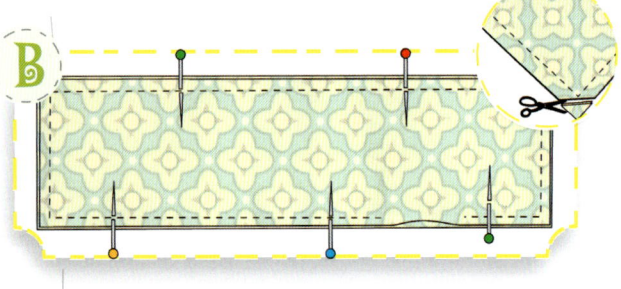

B

C

zu Abbildung B

2. Dann werden die beiden Stoffstücke so aufeinandergenäht, dass die rechten Stoffseiten innen liegen. An einer langen Seite muss eine circa 5–6 cm breite Öffnung zum Wenden offen bleiben. Die Kanten schneidest du auf 2–3 mm Breite zurück und die Ecken schneidest du schräg ab.

zu Abbildung C

3. Dann greifst du in die Öffnung und wendest die beiden Stoffstücke. Die Ecken werden mit einer Schere herausgedrückt und die Kanten mit dem Bügeleisen flachgebügelt.

4. Die Öffnung nähst du mit einigen Handstichen zu.

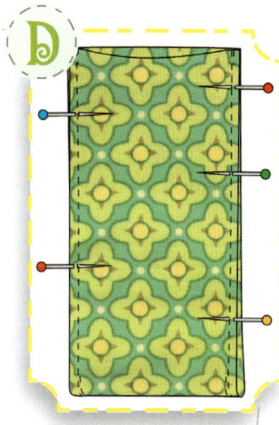

zu Abbildung D

5. Dann faltest du das Rechteck in der Mitte und steckst es mit Nadeln fest. Die Kanten werden nun 1 cm breit aufeinandergenäht.

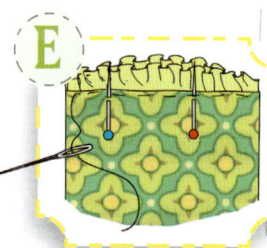

zu Abbildung E

6. Das Rüschenband steckst du an der Oberkante im Inneren des Brillenetuis fest und nähst es mit kleinen Handstichen an.

Modell Nr. 2

Blume:

zu Abbildung A

1. Für die Blütenblätter brauchst du 6 Stoffkreise von 5 cm Durchmesser. Jeden Stoffkreis faltest du so, dass die linken Stoffseiten innen liegen.

zu Abbildung B

2. Dann wird dieser Kreis nochmals zur Hälfte gefaltet. Nimm einen doppelt gelegten Nähfaden, besser ist Knopflochgarn oder Zwirn, und umnähe die äußere gerundete Kante des Stoffkreises. Das Blütenblatt schiebst du vorsichtig auf den Faden.

zu Abbildung C

3. Wenn du alle sechs Blütenblätter auf einen Faden aufgezogen hast, schiebst du sie so dicht wie möglich zusammen. Du ziehst dann den Faden nochmals so stramm wie möglich an und verknotest die Enden.

zu Abbildung D

4. In die Mitte nähst du einen fertigen Knopf oder beziehst ihn zuvor mit Stoff (siehe Modell 1).

5. Die fertige Blume nähst du mit kleinen Handstichen auf der Brillenhülle fest.

Haarbänder

Farbenfrohes für lange Haare

Material

- Baumwollstoff:
  20 cm x 45 cm
- Gummiband:
  2 cm x 10 cm/12 cm
- Vlieseline:
  10 cm x 45 cm
- Nähgarn
- Knopflochgarn

Vielleicht hast du lange Haare und trägst sie gerne offen. Damit dir die Haare nicht ins Gesicht fallen, kannst du dir diese Haarbänder nähen. Dafür benötigst du nur einige Stoffreste und ein kleines Stückchen Gummiband. Da sich Gummibänder verschiedener Hersteller sehr unterschiedlich ausdehnen, solltest du das Haarband vor dem Fertigstellen anprobieren und eventuell die Gummibandlänge korrigieren. Entscheide dich durch Ausmessen deines Kopfumfanges für die lange oder kurze Variante.

Werkzeug

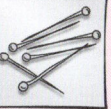

Zuschnitt

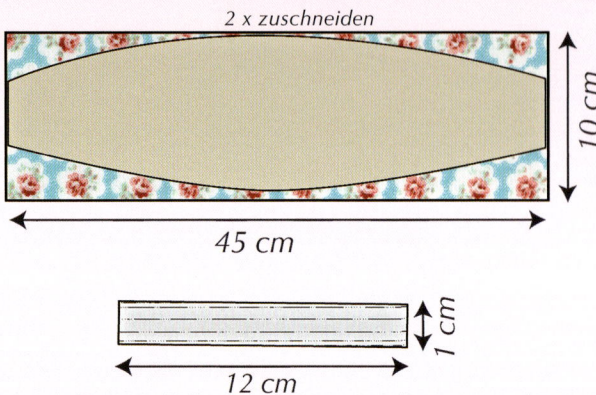

2 x zuschneiden

10 cm

45 cm

1 cm

12 cm

Aus Baumwollstoff

2 x Haarband: 10 cm x 45 cm

Aus Vlieseline

1 x Haarband: 10 cm x 45 cm

1 x Gummiband: 2 cm x 12 cm

1. Schnittteil Nr. 5 (langes oder kurzes Haarband, siehe Beschriftung) von Seite 170 kopieren und ausschneiden.

2. Das Schnittmuster jeweils mit Nadeln auf das Stoffstück stecken und zweimal zuschneiden.

3. Das Schnittmuster ebenfalls auf die Vlieseline stecken und einmal zuschneiden.

Verarbeitung

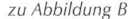

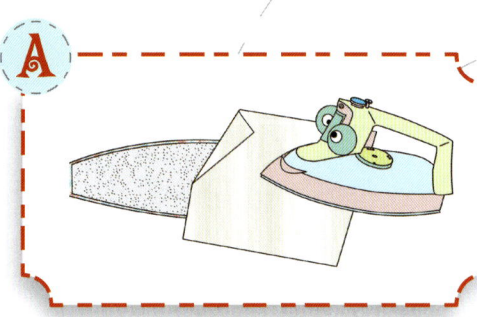

A

zu Abbildung A

1. Die Vlieseline bügelst du auf die linke Stoffseite des äußeren Haarbandes auf. Benutze dafür ein Bügeltuch.

B

zu Abbildung B

2. Lege dann inneres und äußeres Schnittteil aufeinander, die rechten Seiten liegen innen. Nähe jetzt die beiden langen Seiten aufeinander, die kurzen Kanten bleiben offen. Anschließend wendest du das Haarband, indem du einen stabilen Faden an die Nahtzugaben nähst, dann die Nadel mit dem Öhr voran durch das Nähgut schiebst und anschließend den Stoff durch Ziehen auf die Vorderseite wendest. Danach rollst du die Nähte zwischen den Finger aus, bevor du sie mit dem Bügeleisen flach bügelst.

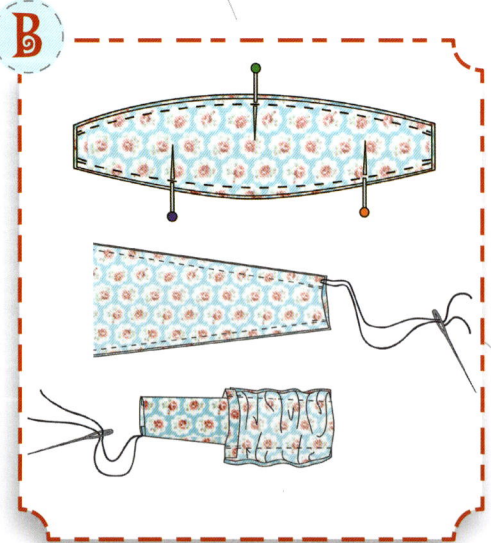

C

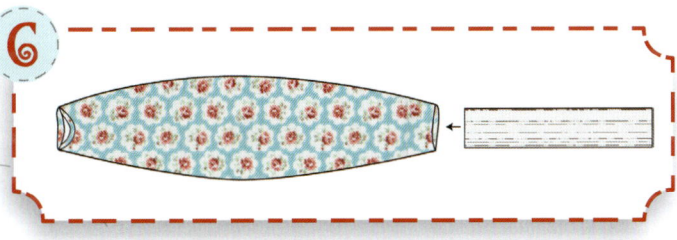

zu Abbildung C

3. Nun faltest du die Nahtzugaben an den beiden schmalen Seiten jeweils 1 cm nach innen und bügelst zum Fixieren nochmals mit dem Bügeleisen darüber.

D

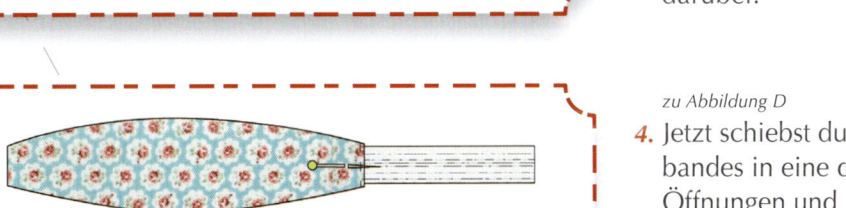

zu Abbildung D

4. Jetzt schiebst du ein Ende des Gummibandes in eine der beiden seitlichen Öffnungen und nähst es mit der Nähmaschine fest.

zu Abbildung E

5. Anschließend schiebst du die andere Seite des Gummibandes in die gegenüberliegende Öffnung und fixierst sie mit einer Nadel. Dann ziehst du das Haarband zur Anprobe vorsichtig über den Kopf und korrigierst eventuell nochmals die Länge des Gummibandes, bevor du es ebenfalls mit der Maschine festnähst.

E

Schlafmaske

Blickdicht, praktisch und schnell genäht

Wenn du morgens durch Sonnenstrahlen geweckt wirst oder wenn du im Flugzeug keinen Schlaf findest, weil Lampen brennen, solltest du dir diese Schlafmaske nähen. Zwischen den beiden Stofflagen liegt Volumenvlies, welches du mit einem Bügeltuch auf die Vorderseite aufbügelst. Die Länge des Gummibandes stimmst du auf deinen Kopfumfang ab.

Die Schlafmaske kannst du in zwei verschiedenen Größen nähen:
Große Schlafmaske: 19 cm x 9 cm
Kleine Schlafmaske: 15 cm x 7 cm

Material

- Baumwollstoff:
  20 cm x 20 cm oder
  24 cm x 24 cm

- dünnes, aufbügelbares Volumenvlies

- Gummiband:
  19 cm oder 23 cm

- Nähgarn

Werkzeug

Zuschnitt

Aus Baumwollstoff
2 x Vorder- bzw. Rückseite: 10 cm x 20 cm/13 cm x 24 cm

Aus Volumenvlies
1 x Vorderseite: 10 cm x 20 cm/13 cm x 24 cm

1 x Gummiband: 1 cm x 19 cm/23 cm

1. Schnittteil Nr. 14 (kleine Schlafmaske) oder Nr. 15 (große Schlafmaske) von Seite 171 kopieren und ausschneiden.

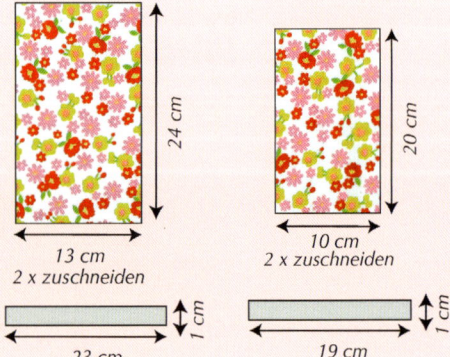

24 cm

13 cm
2 x zuschneiden

20 cm

10 cm
2 x zuschneiden

1 cm

23 cm

1 cm

19 cm

Verarbeitung

zu Abbildung A

1. Das Volumenvlies bügelst du auf die linke Stoffseite der Vorderseite. Benutze dafür ein Bügeltuch.

A

zu Abbildung B

2. Anschließend steckst du das Schnittmuster auf das mit Volumenvlies beklebte Stoffstück und schneidest die Vorderseite der Schlafmaske zu.
Im Anschluss daran legst du dieses Schnittteil auf das andere Stoffrechteck und schneidest die Rückseite zu.

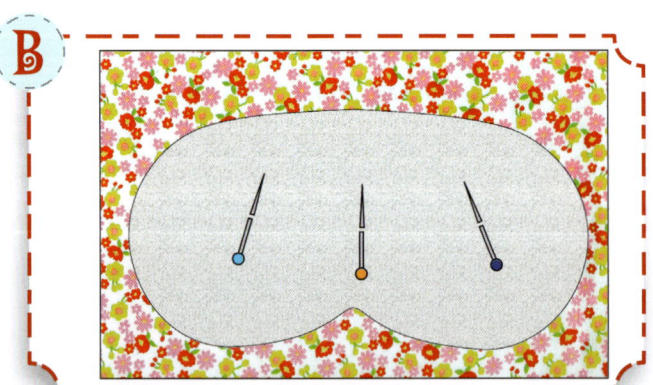

B

Die Dehnbarkeit von Gummibändern ist sehr unterschiedlich. Stecke deshalb das Gummiband vor dem Festnähen mit Nadeln an der Schlafmaske fest und überprüfe den Sitz. Nimm gegebenenfalls Korrekturen vor.

C

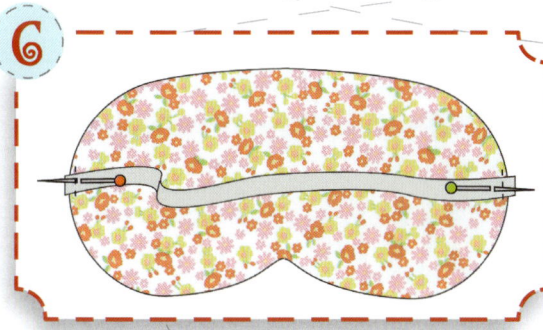

D

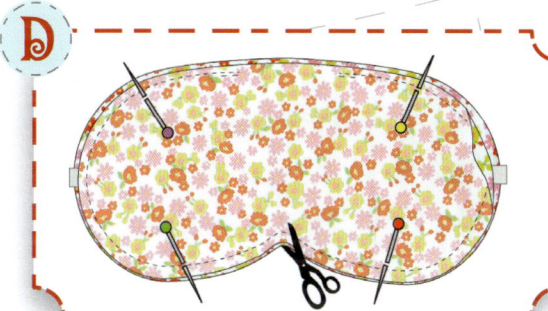

zu Abbildung C

3. Nun steckst du das Gummiband mittig auf die seitlichen Kanten und nähst die Enden knappkantig, also nur 2 mm breit, fest.

E

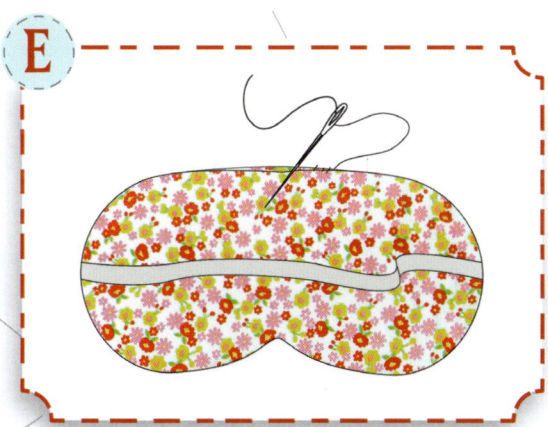

zu Abbildung D

4. Zum Verstürzen der beiden Schnittteile werden Vorder- und Rückseite aufeinandergenäht, die rechten Stoffseiten liegen dabei innen. An der oberen Kante lässt du eine 5 cm bzw. 7 cm breite Öffnung zum Wenden offen. Die Nahtzugaben schneidest du auf 3 mm zurück und die Rundung an der unteren Kante bis zur Nahtlinie ein. Dann wendest du die Schlafmaske durch die Öffnung, rollst die Nähte zwischen den Fingern aus und bügelst die Kanten flach.

zu Abbildung E

5. Im letzten Arbeitsschritt schlägst du die Nahtzugaben an der oberen Kante nach innen ein und schließt die Öffnung mit einigen Handstichen.

Heftumschläge

Toll für die Schule

Vielleicht hast du von anderen Nähprojekten noch einige Stoffreste übrig behalten, für die du noch keinerlei Verwendung gefunden hast. Aus diesen Stoffen kannst du tolle Umschläge nähen, die deine Hefte und Notizbücher zu etwas ganz Besonderem werden lassen. Besonders hübsch sieht es aus, wenn du die Vorderseite mit kleinen bedruckten Stoffschildchen, Bändern, Stempeln oder Applikationen schmückst.

Material

- Baumwollstoff:
  1,25 m x 35 cm (DIN A4)
  1 m x 25 cm (DIN A5)
- Applikation
- Stempel
- Vlieselinereste
- Nähgarn

Werkzeug

Verarbeitung

A

zu Abbildung A

1. Wenn du dich für einen sehr dünnen Stoff entschieden hast, solltest du die Außenseite des Heftumschlags verstärken. Dafür bügelst du auf die linke Stoffseite Vlieseline. Für diesen Arbeitsschritt solltest du unbedingt ein Bügeltuch benutzen.

2. Anschließend faltest du das Stoffstück wie ein Heft, die linken Seiten liegen innen. Die Vorderseite kannst du jetzt nach deinen Vorstellungen gestalten. Reiße zum Beispiel aus einem einfarbigen Baumwollstoff einen schmalen Streifen und stemple deinen Namen auf das Stoffstück oder klebe eine kleine Applikation auf. Du kannst auch mit einer Bügeltransferfolie den Schriftzug durch Bügeln auf Stoff übertragen.

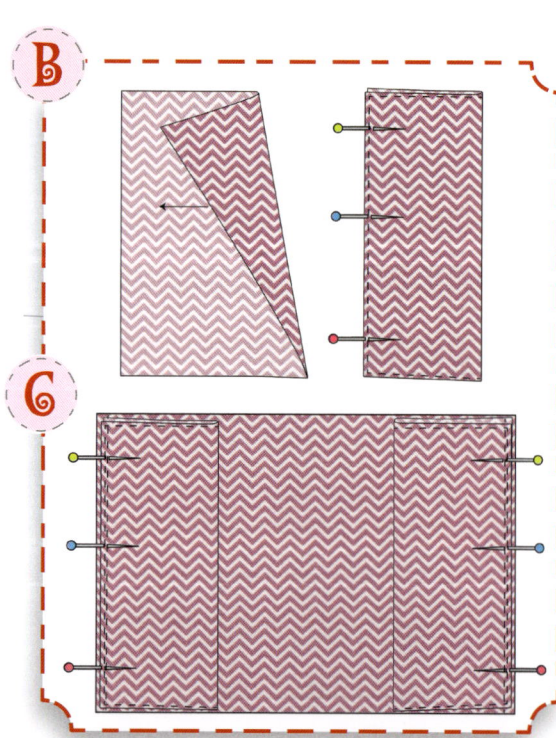

B

C

zu Abbildung B

3. Nun faltest du die beiden Einschubschnittteile jeweils der Länge nach links auf links und nähst die Kanten knappkantig, also nur 1–2 mm breit, aufeinander fest.

zu Abbildung C

4. Die fertigen Einschubteile steckst du nun sorgfältig auf die rechte Stoffseite des Vorderteils und nähst sie knappkantig fest. Die gefalteten Kanten der beiden Einschubteile zeigen zur Mitte hin und die genähten Kanten liegen an den Außenkanten des Vorderteils.

Zuschnitt

Die Größe der Stoffzuschnitte solltest du individuell auf deine Heftgröße abstimmen. Manche Hefte haben besonders viele Seiten oder die Heftpappe ist sehr stabil. Das solltest du berücksichtigen.
Die unten stehenden Maße beziehen sich auf normale Schulhefte, an denen du dich orientieren kannst.

Heft DIN A4:
2 x Innen- bzw. Außenseite: 44,5 cm x 32,5 cm
2 x Einschubteil: 18,5 cm x 32,5 cm

Heft DIN A5:
2 x Innen- bzw. Außenseite: 32,5 cm x 23,5 cm
2 x Einschubteil: 18,5 x 23,5 cm

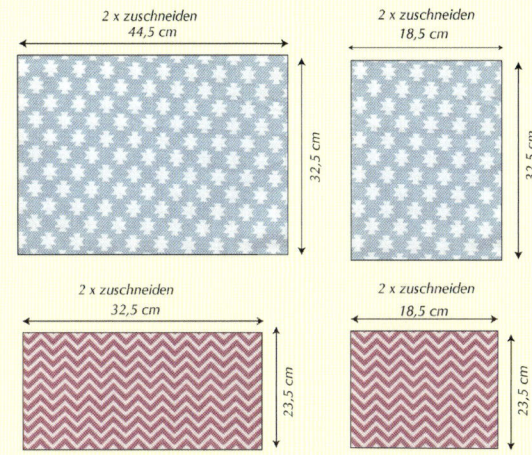

zu Abbildung D

5. Nachdem du die beiden Einschubteile aufgenäht hast, werden vordere und rückwärtige Hefthülle miteinander verstürzt. Dazu legst du die beiden Teile so aufeinander, dass die rechten Stoffseiten innen liegen. Dann nähst du sie ringsum aufeinander fest, wobei du an der unteren Kante eine 11 cm (DIN A5) bzw. eine 15 cm (DIN A4) breite Öffnung zum Wenden offen lässt. Anschließend schneidest du die Ecken der Nahtzugaben mit einer scharfen Schere schräg ab und wendest den Heftumschlag auf die rechte Stoffseite.
Die Ecken drückst du dann mit einer spitzen Schere vorsichtig heraus. Die übrigen Kanten rollst du zwischen Fingern aus, bevor du sie flach bügelst.

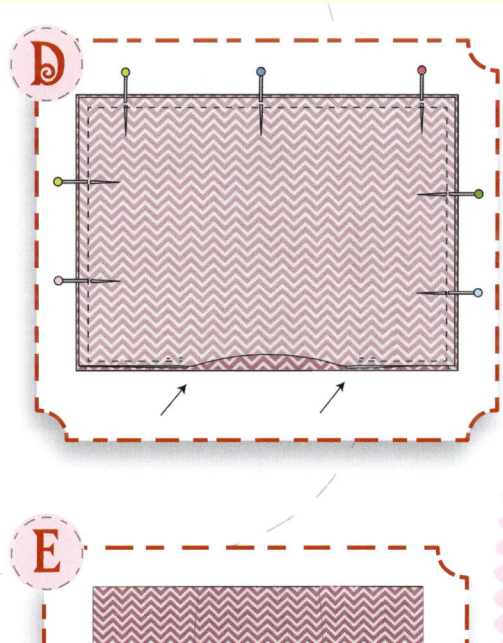

zu Abbildung E

6. Ganz zum Schluss faltest du die Nahtzugaben an der Öffnung 1 cm nach innen ein und nähst sie mit einigen Handstichen zu.

Schmuck-utensilo

Sicherlich besitzt du auch eine Menge Haar-klemmen, Gummibänder, Spangen oder Haar-reifen, die häufig unsortiert im Bad oder in deinem Zimmer herumliegen.

Mit diesem Utensilo, das du ganz schnell aus einer Filzplatte und drei Stoffstreifen nähen kannst, schaffst du Ordnung und hast das Chaos im Griff. Zum Aufhängen des Uten-silos dient ein kleiner Metallring, hier ist es ein alter Gardinenring.

Alles im Griff

 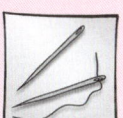
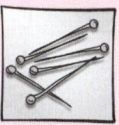 

Material

- Filzrechteck,
  11 cm x 66 cm,
  2–3 mm dick
- Baumwollstoff,
  1,10 m x 10 cm
- Nähgarn
- Knopflochgarn
- Gardinenring
- Stopfnadel

Verarbeitung

Zunächst nähst du aus den Stoffstreifen drei Bänder. Am langen Band befestigst du später deine Haarklemmen, die beiden kurzen Bänder dienen zum Einfassen der kurzen Utensilokanten.

zu Abbildung A

1. Zum Verstürzen der Bänder faltest du den Stoffstreifen jeweils der Länge nach rechts auf rechts. Anschließend nähst du die langen Kanten aufeinander und schneidest die Nahtzugaben auf 0,5 cm zurück.

2. Dann fädelst du einen langen, doppelt gelegten Zwirn oder ein Knopflochgarn in eine dickere Stopfnadel und nähst den Faden an der Nahtzugabe einer kurzen Seite fest. Die Nadel schiebst du dann, mit dem Nadelöhr voran, durch den Stofftunnel. Durch vorsichtiges Ziehen am Faden wendest du den Stoffschlauch.

3. Zum Schluss bügelst du das verstürzte Band und steppst die langen Kanten knappkantig, also 1–2 mm breit, ab.

zu Abbildung B

4. Den langen Stoffstreifen nähst du zunächst nur an der oberen und unteren Kante des Filzstreifens fest. Da der Streifen länger ist als das Filzrechteck, teilst du ihn in drei Abschnitte ein. Steppe ihn an den Markierungen wie abgebildet fest.

Zuschnitt

Aus Filz

1 x Filzrechteck: 11 cm x 66 cm, 2–3 mm dick

Aus Baumwollstoff

1 x Baumwollstoffstreifen: 8 cm x 75 cm

2 x Baumwollstoffstreifen: 8 cm x 18 cm

zu Abbildung C

5. Die beiden kurzen Stoffstreifen verstürzt du genauso wie das lange Band, bevor du sie dann an die obere und untere Kante des Filzteils nähst. Die überstehenden Enden faltest du noch vor dem Festnähen nach hinten.

zu Abbildung D

6. Damit du das Utensilo aufhängen kannst, nähst du den Metallring mit einigen Handstichen an der Oberkante fest.

Beutel

Stauraum für Vielerlei

Diese farbenfrohen Säckchen kann wohl jeder gebrauchen und das Nähen ist auch nicht besonders schwer.

Wenn du sie dann noch an einen speziellen Hosenkleiderbügel klemmst, kannst du sie an Haken, Leisten und Schranktüren aufhängen. Der Holzbügel muss mit einer Säge etwas gekürzt werden. Dazu solltest du einen Erwachsenen um Hilfe bitten.

Material

- 2 Baumwollstoffe: je 35 cm x 62 cm
- Hosenkleiderbügel
- Nähgarn

Werkzeug

Zuschnitt

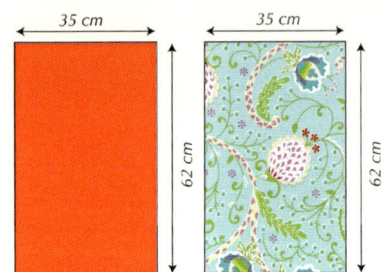

Aus Baumwollstoff

1 x Innenbeutel: 35 cm x 62 cm
1 x Außenbeutel: 35 cm x 62 cm

Verarbeitung

zu Abbildung A

1. Falte jedes Stoffstück quer durch die Mitte, die rechte Stoffseite liegt innen. Nähe beide langen Seiten aufeinander. Die Nahtzugaben bügelst du anschließend auseinander. Du solltest auch die untere Kante bügeln, da du die Bügelmarkierung für den nächsten Arbeitsgang benötigst.

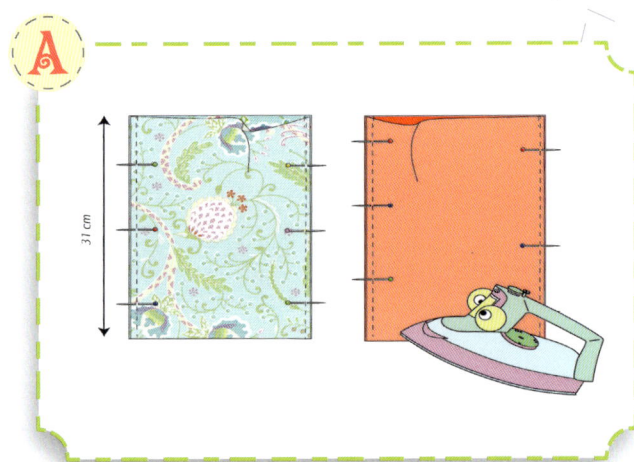

zu Abbildung B

2. Nun werden die Ecken der unteren Beutelkante abgenäht. Stecke dazu die eingebügelte Linie der unteren Beutelkante und die Seitennaht aufeinander. Die beiden rechten Stoffseiten liegen dabei wieder innen.
Zeichne dann mit einem Stück Kreide oder einem Bleistift eine 13 cm lange Linie quer über die Ecke. Nähe mit der Nähmaschine sorgfältig auf der Linie entlang. Diesen Arbeitsschritt führst du an allen vier Ecken, also am Innenbeutel und am Außenbeutel durch.

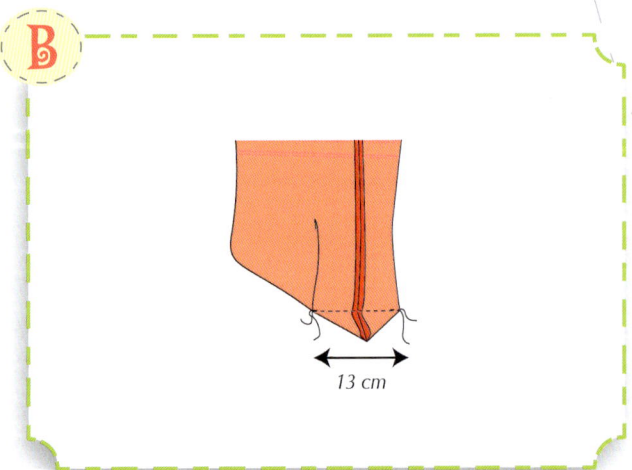

C

zu Abbildung C

3. Nachdem du alle Ecken abgenäht hast, wendest du den äußeren Beutel, so dass die rechte Seite außen liegt. Ziehe ihn dann über den Innenbeutel, die linken Stoffseiten liegen nun aufeinander.

D

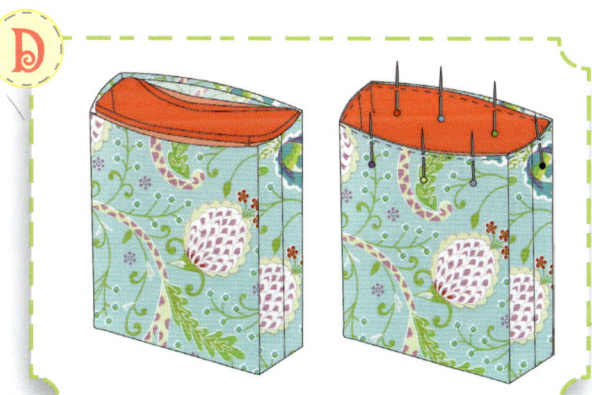

zu Abbildung D

4. Jetzt faltest du die obere Kante am Innen- und am Außenbeutel jeweils 1 cm breit nach innen und steppst die Kanten mit der Nähmaschine aufeinander fest.

zu Abbildung E

5. In einem weiteren Arbeitsschritt steppst du die beiden Beutel im Abstand von ca. 3 cm zur oberen Kante nochmals aufeinander fest. Hierzu kannst du dir mit Kreide eine dünne Linie vorzeichnen.

E

6. Bevor du die Hosenkleiderbügel mit einer Säge kürzt, solltest du die Breite des Innenbeutels unbedingt nochmals nachmessen! Der Bügel muss, wenn du exakt genäht hast, auf eine Länge zwischen 21 und 22 cm abgesägt werden. Hierbei sollte dir unbedingt ein Erwachsener helfen.

Ringbuchmäppchen

Platz für viele Stifte

In diesem Mäppchen, das du in ein Ringbuch heften kannst, finden viele Stifte, aber auch ein Geodreieck, Radiergummi, Notizzettel, Handy und auch ein kleiner Taschenrechner Platz. Geschlossen wird das Mäppchen durch zwei innen liegende Druckknöpfe, die du von Hand annähst. Durch besonders schöne Applikationen und ausgefallene Bänder kannst du einen einfarbigen Stoff aufpeppen.

Material

- 2 Baumwollstoffe: je 34 cm x 23 cm
- Vlieselinereste
- Druckknöpfe zum Annähen
- Zierband
- Applikation
- Nähgarn

Werkzeug

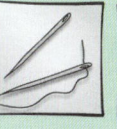

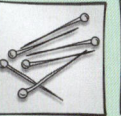

Zuschnitt

Aus Baumwollstoff
1 x inneres Taschenteil: 34 cm x 23 cm
1 x äußeres Taschenteil: 34 cm x 23 cm

Aus Vlieseline
1 x Vlieseline: 34 cm x 23 cm

Sonstiges
2 Schlaufen: je 1 cm x 6 cm
1 Zierband: 1 cm x 23 cm

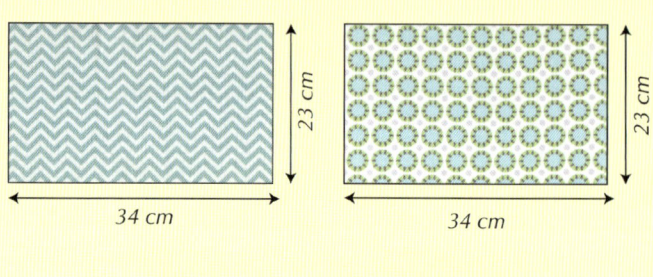

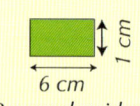
2 x zuschneiden

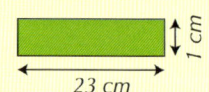

Verarbeitung

zu Abbildung A

1. Wenn du dich für einen dünnen Stoff entschieden hast, solltest du auf die linke Stoffseite des äußeren Taschenteils Vlieseline aufbügeln. Benutze dazu ein Bügeltuch.

zu Abbildung B

2. Anschließend nähst du auf die rechte Stoffseite des Außenteils das Zierband auf. Der Abstand zur oberen Kante beträgt 4 cm. Für die beiden Schlaufen faltest du jedes Band jeweils zur Hälfte und nähst es an die Unterkante, wie auf der Zeichnung dargestellt. Der Abstand der beiden Schlaufen beträgt 8 cm (Abstand der beiden Ringe im Ringbuch).

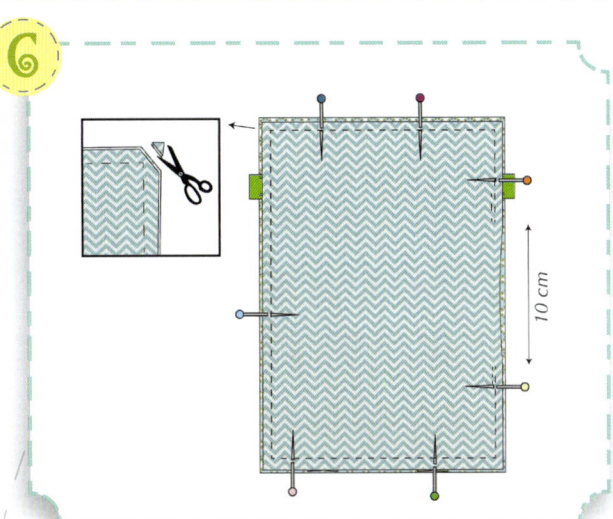

zu Abbildung C

3. Jetzt verstürzt du inneres und äußeres Taschenteil miteinander, indem du die beiden Teile
   aufeinandernähst. Die rechten Stoffseiten liegen
   innen. An einer langen Seite lässt du eine
   10 cm breite Öffnung zum Wenden offen.
   Die Nahtzugaben schneidest du auf 0,5 cm
   zurück und die Ecken schräg ab.
   Anschließend wendest du die beiden Teile
   auf die rechte Seite und drückst die Ecken
   vorsichtig mit einer Schere heraus. Die Kanten bügelst du flach.

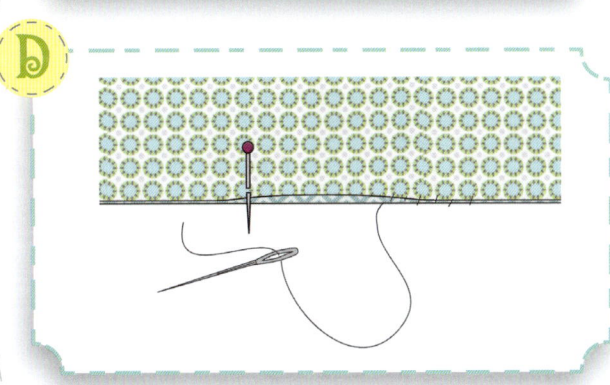

zu Abbildung D

4. Falte die Kanten der Wendeöffnung nach
   innen und nähe sie mit einigen Handstichen zu.

zu Abbildung E

5. Damit aus dem Stoffstück nun auch eine
   Tasche wird, faltest du es wie abgebildet
   und steckst es an den Seiten mit Nadeln fest,
   bevor du sie 2–3 mm breit festnähst. Nahtanfang und Nahtende gut verriegeln!

zu Abbildung F

6. Ganz zum Schluss nähst du die Druckknöpfe
   von Hand im Inneren der Tasche fest.
   Die Applikation nähst du ebenfalls von Hand,
   mittig auf das Zierband.

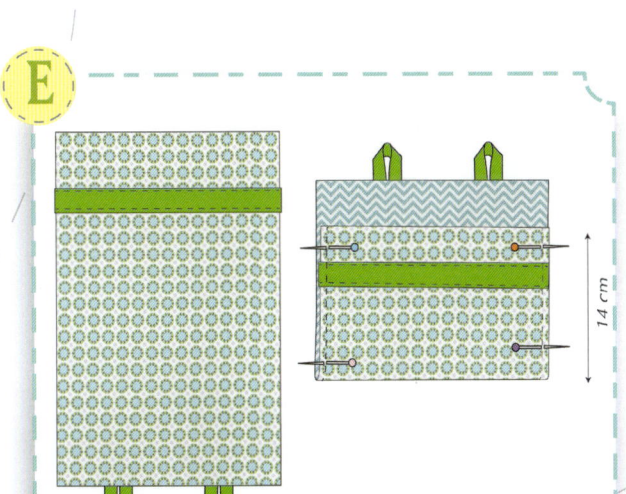

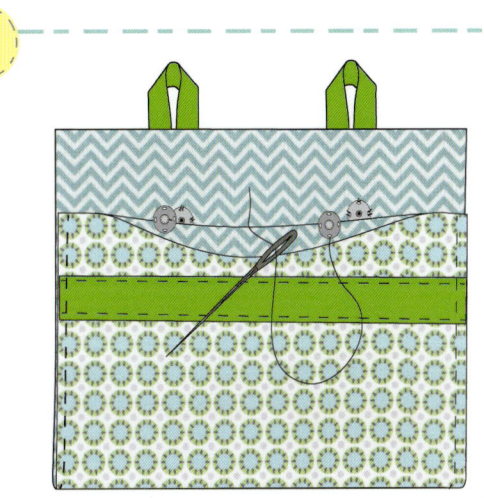

107

Sofatasche

Immer einsatzbereit

Um Bücher, Kuscheltiere oder anderen Schnickschnack zu verstauen, eignet sich eine solche Sofatasche besonders gut.

Eigentlich besteht sie aus nur vier rechteckigen Stoffteilen, die miteinander verstürzt werden.

Die fertige Tasche wird dann zwischen die Armlehne und dem Sitzpolster eingeklemmt oder du nähst Klettband an die unteren Taschenkanten.

Material

- Baumwollstoff: 1,30 m x 85 cm
- Nähgarn
- eventuell Klettband

Werkzeug

 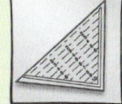

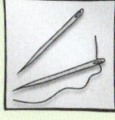 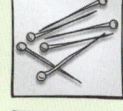

Zuschnitt

Aus Baumwollstoff und Vlieseline
1 x Vorderseite: 45 cm x 80 cm
1 x Rückseite: 45 cm x 80 cm

Aus Baumwollstoff
1 x großes Taschenteil : 29 cm x 45 cm
1 x Streifen zum Einfassen/gr. Tasche: 45 cm x 9 cm
1 x kleines Taschenteil: 17 cm x 16 cm
1 x Streifen zum Einfassen/kl. Tasche: 9 cm x 16 cm

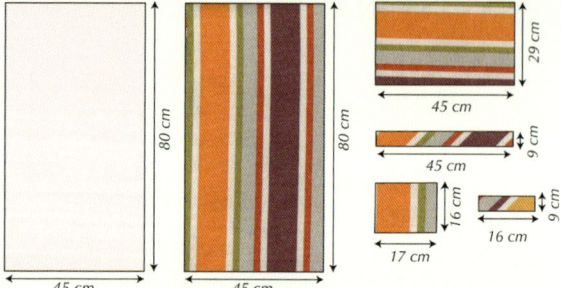

Wenn du einen gestreiften Stoff verwendest, kannst du ihn in Längs- oder in Querrichtung zuschneiden. Zum Einfassen der Taschenkanten eignen sich auch Stoffstreifen, die du schräg zuschneidest. Durch den unterschiedlichen Streifenverlauf erzielst du einen tollen Effekt.

Verarbeitung

A

zu Abbildung A

1. Auf die linke Seite der beiden großen Stoffteile sollte unbedingt Vlieseline aufgebügelt werden. Benutze dafür ein Bügeltuch.

B

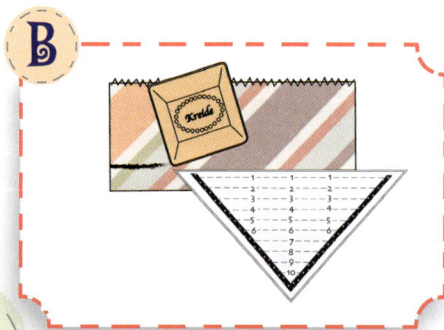

C

zu Abbildung B

2. Versäubere jeweils eine lange Kante der beiden Einfassstreifen mit einem Zickzackstich. Zeichne dir dann auf die linke Stoffseite der gegenüberliegenden Kante eine Linie auf, die 2 cm von der oberen Kante entfernt liegt.

zu Abbildung C

3. Lege anschließend den Einfassstreifen auf die kleine Tasche, die rechten Stoffseiten liegen innen. Nähe dann die beiden Teile entlang der aufgezeichneten Linie aufeinander.

4. Nach dem Nähen faltest du den Streifen um die Stoffkante herum nach hinten, bügelst die Naht flach, bevor du sie 1–2 mm breit von vorne feststeppst.

5. Nach dem Einfassen bügelst du alle übrigen Kanten 1 cm nach links um.

6. Fasse die obere Kante der großen Tasche ebenso ein.

zu Abbildung D

7. Nun nähst du die kleine Tasche mittig auf die große Tasche. Der Abstand zur oberen Kante beträgt 5 cm. Nahtanfang und -ende solltest du sehr sorgfältig verriegeln.

zu Abbildung E

8. Nach dem Aufnähen der kleinen Tasche steckst du das große Taschenteil kantengleich auf die Vorderseite der Sofatasche und nähst es an den Seiten und der Unterkante 1–2 mm breit fest.

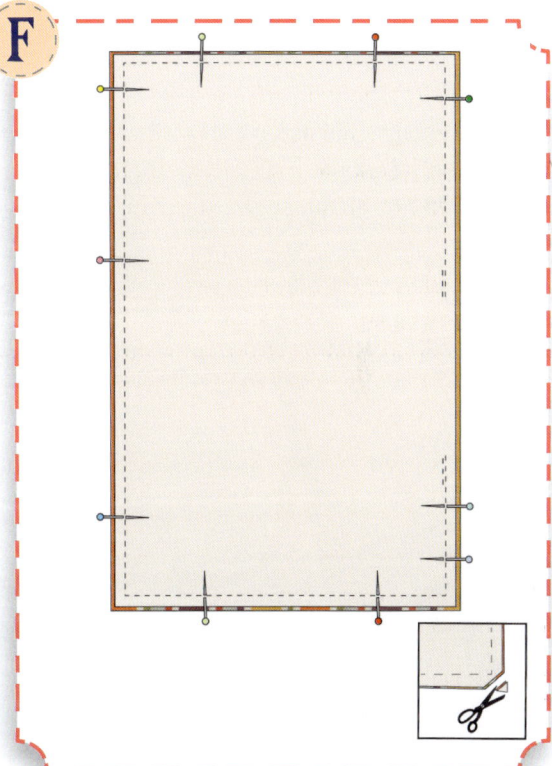

zu Abbildung F

9. Im nächsten Arbeitsschritt nähst du Vorder- und Rückseite der Sofatasche rechts auf rechts aufeinander, lässt an der Seite aber eine 20 cm lange Öffnung zum Wenden offen. Die Ecken schneidest du vor dem Wenden schräg ab. Nachdem du die Tasche auf die rechte Stoffseite gezogen hast, bügelst du alle Kanten flach und drückst die Ecken vorsichtig mit einer Schere heraus.

zu Abbildung G

10. Die Öffnung nähst du mit einigen Handstichen zu.

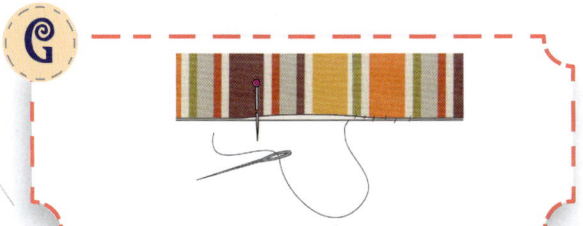

Je nach Beschaffenheit deines Sofas, schiebst du eine Seite der Tasche unter das Sitzpolster oder du nähst an diese Seite einen Klettverschluss. Der andere Klettstreifen wird an die Innenseite des Sofas geklebt.

Wäschebeutel

Auf Reisen immer dabei

Diesen Beutel kannst du auch als Anfänger schnell selbst nähen. Du kannst ihn als Wäschebeutel oder als Turnbeutel benutzen.

An der oberen Kante wird ein sogenannter Tunnel eingearbeitet, durch den du zwei Kordeln einziehst.

Den Beutel kannst du in zwei verschiedenen Größen nähen. Wenn es ein Turnbeutel werden soll, nähst du besser den größeren.

Großer Beutel: 27 cm x 38 cm

Kleiner Beutel: 22 cm x 29 cm

Material

- Baumwollstoff:
  65 cm x 47 cm/
  55 cm x 40 cm
- Kordel:
  1,50 m/1,30 m
- Nähgarn

Werkzeug

Zuschnitt

Aus Baumwollstoff
Großer Beutel
2 x Beutelteil: 29 cm x 45 cm

Kleiner Beutel
2 x Beutelteil: 24 cm x 36 cm

Sonstiges
Kordeln/Großer Beutel: 2 x 70 cm
Kordeln/Kleiner Beutel: 2 x 60 cm

45 cm

29 cm
2 x zuschneiden

36 cm

24 cm
2 x zuschneiden

Verarbeitung

A

14 cm

zu Abbildung A

1. Zeichne auf die linke Stoffseite beider Beutelteile eine Linie, die 14 cm unterhalb der oberen Stoffkante liegt. Benutze zum Anzeichnen ein Stück Kreide und ein Maßband, sowie ein Geodreieck.

B

zu Abbildung B

2. Zum Nähen des Kordeldurchzugs bügelst du zunächst die obere Stoffkante exakt bis zu dieser Linie um.

7 cm

zu Abbildung C

3. Anschließend faltest du die vorgebügelte Kante wieder auf und steckst vorderes und rückwärtiges Beutelteil deckungsgleich aufeinander. Die rechten Stoffseiten liegen innen.

4. Nun nähst du die beiden Beutelteile zunächst 11 cm weit aufeinander, lässt dann für den Kordeldurchzug an der rechten Seite eine 1,5 cm lange Öffnung, bevor du den Rest laut Zeichnung nachnähst. Lasse an den Ecken die Nadel im Stoff und drehe den Beutel. Auch auf der gegenüberliegenden Seite lässt du 1,5 cm der Naht für die Kordel offen. Nahtanfang und -ende solltest du stets sorgfältig verriegeln und die Nahtzugaben auseinanderbügeln.

C

11 cm 11 cm

1,5 cm 1,5 cm

D

1,5 cm

zu Abbildung D

5. Jetzt faltest du die umgebügelte Kante wieder links auf links und zeichnest dir ober- und unterhalb der Tunnelöffnung zwei weitere Linien an. Entlang dieser Markierungen nähst du die beiden Stofflagen aufeinander. So entsteht der Kordeldurchzug. Jetzt wendest du den Beutel auf rechts.

E

zu Abbildung E

6. Im letzten Arbeitsschritt ziehst du mit Hilfe einer Sicherheitsnadel die zwei Kordeln in die seitlichen Öffnungen ein. Beachte, dass du mit dem Einziehen immer an einer Seite beginnst und das Ende der Kordel auch an dieser Seite wieder herausführst. Die zweite Kordel ziehst du durch den gegenüberliegenden Schlitz ein. Die Enden verknotest du.

Aufbewahrungssack

Platz für Allerlei

Material

- 2 unterschiedliche Baumwollstoffe
- Bommellitze, 50 cm
- Nähgarn

In diesem Sack lassen sich viele Sachen verstauen, die man immer schnell zur Hand haben möchte. Nicht nur für Strick-sachen kannst du ein solches Säckchen sicherlich gut gebrauchen. Es besteht aus einem inneren und einem äußeren Sack, die ineinandergeschoben werden. Die obere Kante schlägt man gegeneinander ein und näht sie dann aufeinander fest. Nähe den inneren und äußeren Sack aus unterschiedlichen Stoffen, dann sieht er besonders nett aus.

Werkzeug

Zuschnitt

4 x Baumwollstoff, 25 cm x 35 cm
(je 2 in der gleichen Farbe)

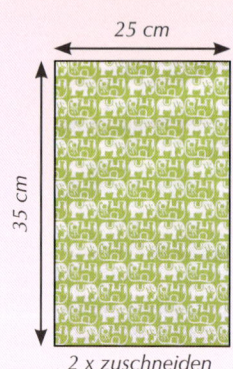

2 x zuschneiden

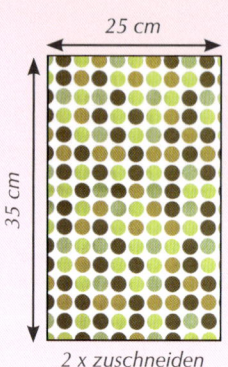

2 x zuschneiden

Verarbeitung

A

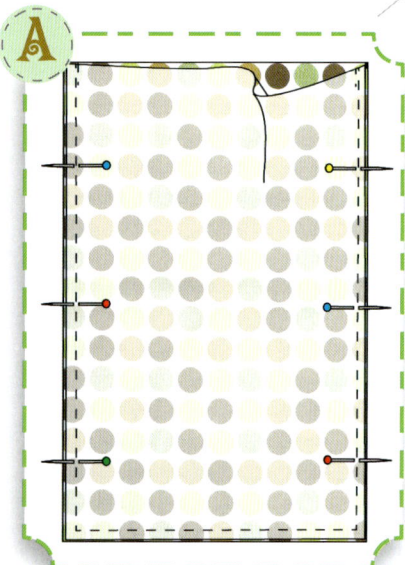

B

C

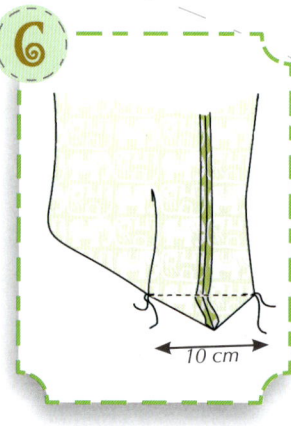

zu Abbildung C

zu Abbildung A

1. Lege für den inneren Sack
die beiden Schnittteile exakt
aufeinander, die rechten
Stoffseiten liegen innen.
Stecke sie mit Nadeln fest
und nähe die Seiten und
die Unterkante 1 cm
breit aufeinander.
Die Nahtzugaben
auseinander-
bügeln.

zu Abbildung B

2. Diese Arbeitsschritte
führst du auch für den
Außensack durch.

3. Nun musst du alle
Ecken schräg ab-
nähen. Stecke dazu
jeweils die seitliche
Naht und die Naht
an der unteren Kante
des Säckchens mit
Stecknadeln auf-
einander fest. Lege
dann die Ecken flach
auf den Tisch und
zeichne eine 10 cm
breite Linie an. Nähe
die Ecke auf dieser
Linie ab. Diesen
Arbeitsschritt führst
du für alle 4 Ecken
durch.

zu Abbildung D

4. Wende eines der beiden Säckchen, so dass die rechte Seite außen ist.

zu Abbildung E

5. Schiebe dann die Säckchen so ineinander, dass die linken Stoffseiten innen aufeinanderliegen. Achte darauf, dass die Seitennähte genau aufeinandertreffen.

zu Abbildung F

6. Schlage die oberen Kanten des inneren und äußeren Säckchens 1 cm weit nach innen und stecke sie mit Nadeln fest.

zu Abbildung G

7. Nähe die beiden Säckchen 2–3 mm breit an der Oberkante aufeinander fest.

zu Abbildung H

8. Stecke die Bommellitze an die obere Kante und nähe sie fest.

Modell Nr. 1

Modell Nr. 2

Rollmäppchen

Viel Platz für Stifte

Material

- Baumwollstoff
- Filz
- Vlieseline
- 2 Zackenlitzen
- Nähgarn

Vielleicht malst du gern und hast viele Stifte, die überall herumliegen. Mit diesem Rollmäppchen kannst du leicht Ordnung halten und hast sie immer griffbereit. Auch auf Reisen ist es sehr praktisch. Du kannst das Rollmäppchen komplett aus Filz nähen, du kannst für die äußere Seite aber auch einen schönen Stoff verwenden. Wenn du keinen sehr festen Stoff bekommst, musst du auf die Rückseite Vlieseline aufbügeln. Das ist ein Vlies, das den Stoff steifer macht.

Werkzeug

123

Zuschnitt

Innenseite und Außenseite, je 70 cm x 22 cm

Vlieseline, 70 x 22 cm

Modell 1: Stoffstreifen für Stifte, 61 cm x 11 cm

Modell 2: Filzstreifen für Stifte, 59 cm x 9 cm

2 Zackenlitzen, je 61 cm

2 Zackenlitzen (Bindebänder), 20 cm

2 Bommellitzen, je 70 cm

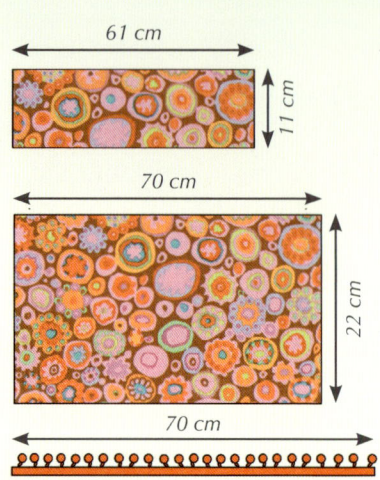

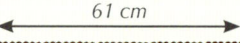

Verarbeitung

zu Abbildung A

1. Bei dünnem Stoff musst du unbedingt Vlieseline auf die linke Seite eines der großen Stoffstücke aufbügeln. Benutze dazu ein Bügeltuch. Wie du sie aufbügelst, ist auf den Rand der Vlieseline aufgedruckt.

zu Abbildung B

2. Stecke das zweite Stoffstück so auf das erste, dass die beiden rechten Stoffseiten innen liegen.

3. Nähe dann die Kanten 1 cm breit aufeinander, nur an einer langen Seite lässt du einen 10 cm breiten Schlitz offen.

4. Nach dem Nähen schneidest du alle Kanten bis auf 2–3 mm zurück, die Ecken schneidest du schräg ab. Dicke Nähte wären unschön auf der Vorderseite sichtbar.

zu Abbildung C

5. Dann wendest du die beiden Stoffstücke durch die Öffnung, so dass die rechte Stoffseite außen liegt. Nähe die offene Stelle von Hand zu und bügele die Kanten flach.

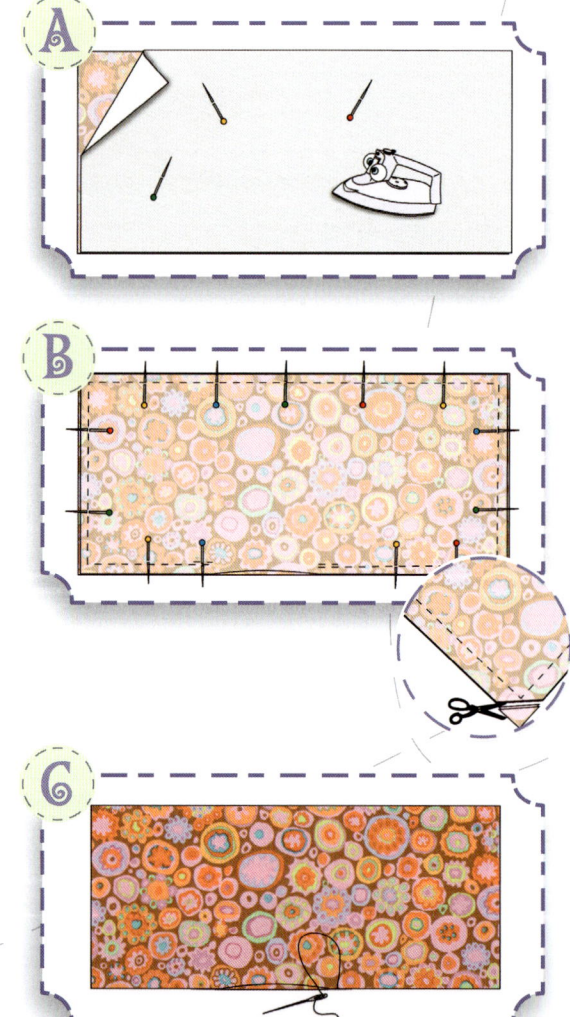

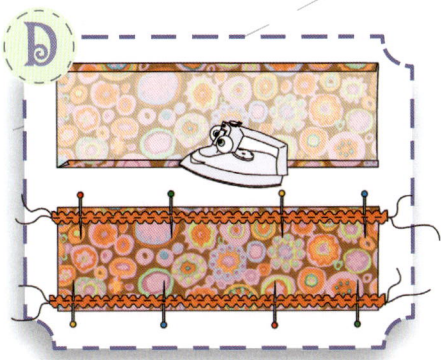

zu Abbildung D

6. Modell 1 aus Stoff: Am kleinen Stoffrechteck bügelst du zunächst die beiden langen Seiten 1 cm nach links um. Zeichne dir dazu an diese Seiten mit Kreide und mit Hilfe des Geodreiecks eine 2 cm breite Linie auf. Bügele beide Kanten bis zu dieser Linie um. Nähe sie dann mit der Nähmaschine fest und nähe darüber noch eine Zackenlitze oder ein anderes Band.

zu Abbildung E

7. Modell 1 aus Stoff: Bügele dann auch die beiden kurzen Seiten nach links um und steppe sie ebenfalls fest.

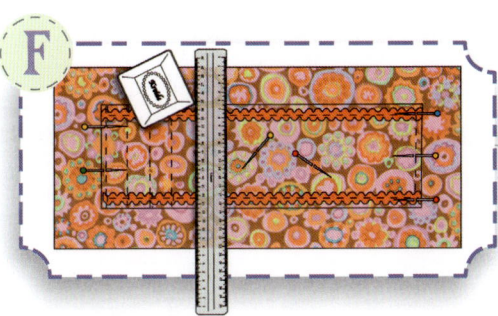

zu Abbildung F

8. Stecke dann dieses fertige Stoffstück oder das Filzteil auf die Innenseite der Stifterolle und nähe es zunächst nur an einer Seite fest.

9. Nimm dann einen Stift, schiebe ihn so dicht wie möglich an diese Naht und versuche mit einer Nadel die Breite so zu markieren, dass der Stift fest unter dem Stoffstück sitzt. Diese Breite misst du dir ab. Mit Schneiderkreide und dem Lineal markierst du dir immer diesen Betrag. Nähe dann alle senkrechten Nähte in gleichmäßigen Abständen.

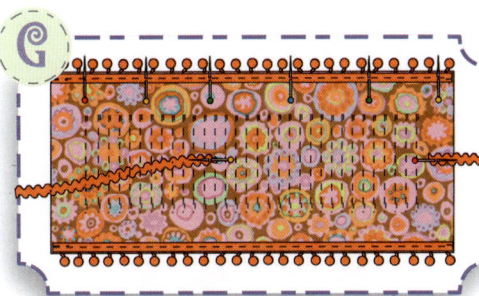

zu Abbildung G

10. Ganz zum Schluss nähst du auf der Außenseite des Rollmäppchens die Bindebänder fest. Sie liegen in der Mitte, das eine ist 1 cm und das andere ist 24 cm von der rechten Seite entfernt.

11. Nähe an die langen Kanten des Rollmäppchens je eine Bommellitze

Modelle 1–2, siehe Seite 121

Utensilo

Platz für Kleinigkeiten

Dieses Utensilo ist für allerlei Kleinkram gedacht, der auf deinem Schreibtisch herumliegt. Du nähst die drei aufgesetzten Taschen zunächst über die gesamte Breite des Utensilos auf und unterteilst sie dann durch Längsnähte in kleine Fächer. Die Unterteilung kannst du nach deinen Wünschen vornehmen. Überlege dir vorher genau, was du in die einzelnen Fächer stecken möchtest. Du solltest für dieses Utensilo einen möglichst festen Stoff aussuchen. Durch das Aufbügeln von Vlieseline kannst du den Stoff nochmals steifer machen.

Werkzeug

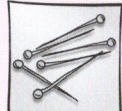

Zuschnitt

1 x Baumwollstoff,
46 cm x 88 cm

1 x Vlieseline,
46 cm x 88 cm

2 x Baumwollstoff,
46 cm x 14 cm

1 x Baumwollstoff,
46 cm 11 cm

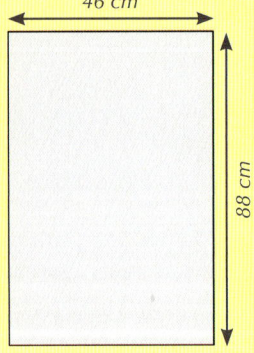

Verarbeitung

zu Abbildung A

1. Auf die linke Stoffseite des großen Schnittteils musst du zunächst die Vlieseline aufbügeln. Hierzu solltest du ein Bügeltuch verwenden. Wie du die Vlieseline aufbügelst, entnimmst du dem Aufdruck auf der Vlieseline.

zu Abbildung B

2. Den Stoff an der unteren Kante 4 cm nach links falten und bügeln. Dazu zeichnest du dir eine 8 cm breite Linie auf der linken Stoffseite an und klappst den Stoff bis zu dieser Linie hoch. Den Stoff nun 3,5 cm breit festnähen.

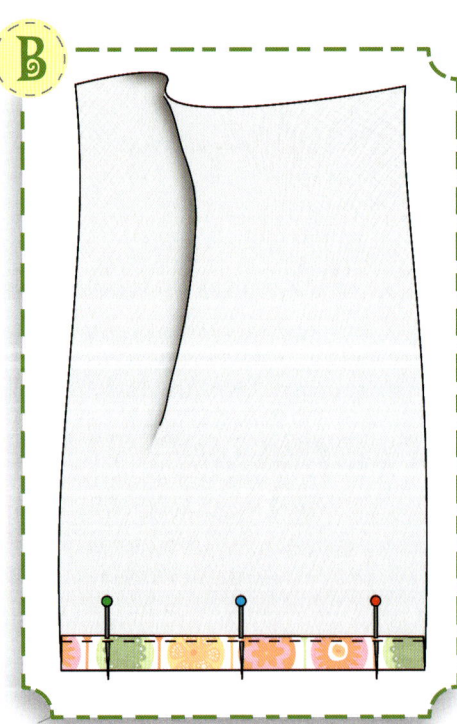

zu Abbildung C

3. Zeichne nun mit Schneiderkreide die Linien wie abgebildet auf. Benutze hierzu ein Maßband und ein Geodreieck. Mit Kreide machst du an der linken und rechten Seite kleine Markierungen, die du zu einer Linie verbindest.

zu Abbildung D

4. Dann bügelst du an allen drei Taschenteilen die obere lange Kante 1 cm nach links um. Zeichne dazu eine 2 cm breite Hilfslinie auf der linken Stoffseite an. Die umgebügelte Kante füßchenbreit, also 0,7 cm breit, festnähen.

zu Abbildung E

5. Nun bügelst du auch die untere Kante 1 cm nach links um.

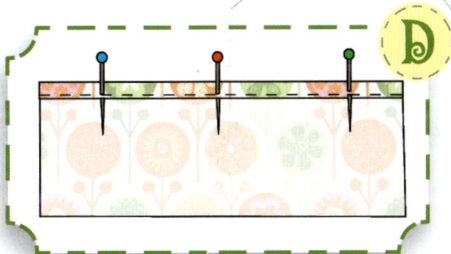

zu Abbildung F

6. Jetzt steckst du alle drei Taschenteile mit der umgeschlagenen Unterkante an den markierten Linien des großen Schnittteils fest und nähst sie 2 mm breit auf. Auch die seitlichen Kanten nähst du 2–3 mm breit fest. Das schmale Taschenteil nähst du unten fest.

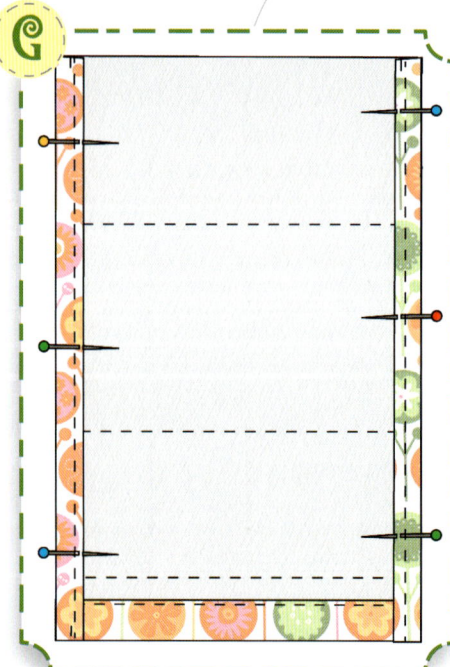

zu Abbildung G

7. Anschließend bügelst du die seitlichen Kanten des Utensilos 3 cm nach links um und nähst sie 2,5 cm breit fest. Gehe dabei so vor, wie es in Punkt 2 beschrieben wurde. Zeichne dazu eine 6 cm breite Hilfslinie an.

zu Abbildung H

8. Im Anschluss daran unterteilst du die aufgenähten Taschen in einzelne Fächer, indem du die Taschen senkrecht übernähst.

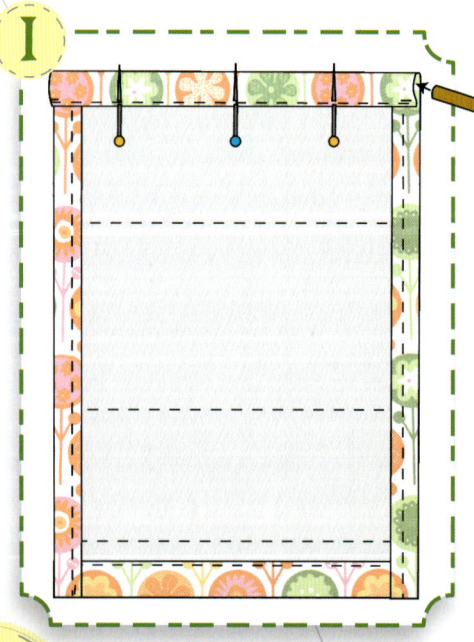

zu Abbildung I

9. Zum Aufhängen des Utensilos bügelst du auch die obere Kante 5 cm nach links um und nähst sie 4,5 cm breit fest. Anschließend schiebst du den Holzstab hindurch.

10. Zum Schluss bindest du das Band an die Enden des Stöckchens und hängst das Utensilo auf.

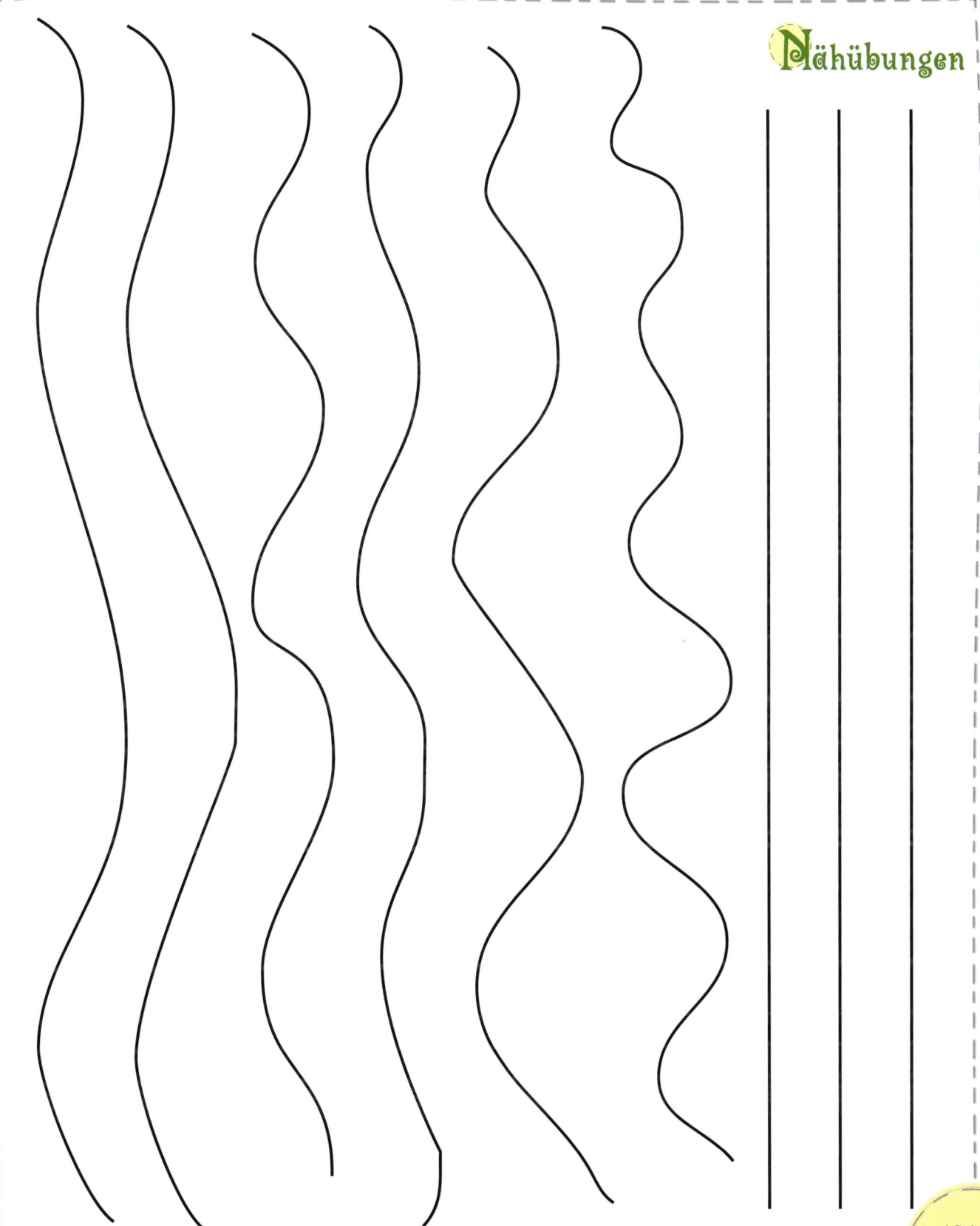

Nähübungen

Nadelkissen

Fleißiger Nadelsammler

Damit du beim Nähen nicht immer nach den Stecknadeln suchen musst und sie nicht auf dem Boden landen, solltest du dir dieses Nadelkissen nähen. Es ist nicht ganz einfach, denn die sechs kleinen Dreiecke musst du sehr genau aneinandernähen.

Wenn du es dir einfacher machen möchtest, schneidest du dir zwei Kreise zu und verzichtest auf das Zusammennähen der kleinen Dreiecke.

Das Nadelkissen wird mit Füllwatte ausgestopft.

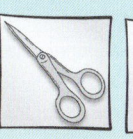 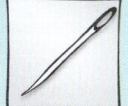
 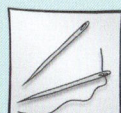

Zuschnitt

1. Das Schnittteil Nr. 9 von Seite 169 aus der Schnittvorlage kopieren und ausschneiden. Schneide 6 kleine Dreiecke aus den Stoffresten zu. Sie sollten genau gleich groß sein. Das ist sehr wichtig. Schneide zunächst nur ein Dreieck zu und lege es immer wieder auf den nächsten Stoffrest.

2. Ausreichend großer Stoffrest für die Rückseite.

3. Stoffstreifen (Rüsche), 20 cm x 7 cm

Verarbeitung

zu Abbildung A

1. Lege zwei Dreiecke so aufeinander, dass die beiden rechten Stoffseiten aufeinanderliegen. Stecke sie mit Nadeln fest. Diese Naht von der äußeren Stoffkante bis zur Spitze nähen, Anfang und Ende der Naht musst du gut verriegeln. Die Naht mit dem Bügeleisen auseinanderbügeln.

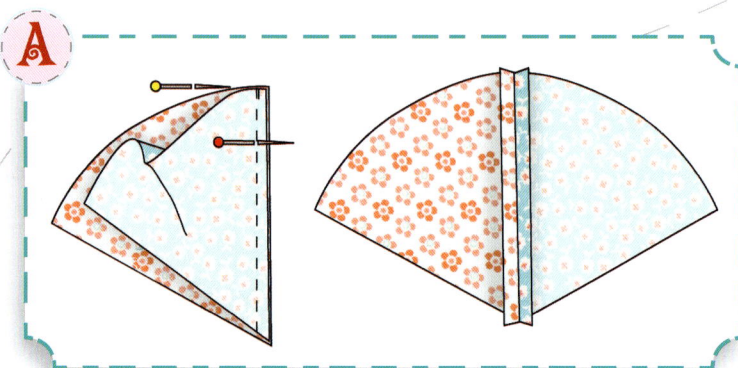

zu Abbildung B

2. Nun das nächste Dreieck annähen, die rechten Stoffseiten liegen wieder aufeinander. Bei dieser Naht beginnst du ebenfalls an der oberen Kante, endest aber an der Spitze genau an der zuvor genähten Naht. Es bleibt also an der Spitze 1 cm offen.

3. Nun nähst du die oberen Arbeitsschritte mit den drei restlichen Dreiecken und hast jetzt zwei Halbkreise fertig.

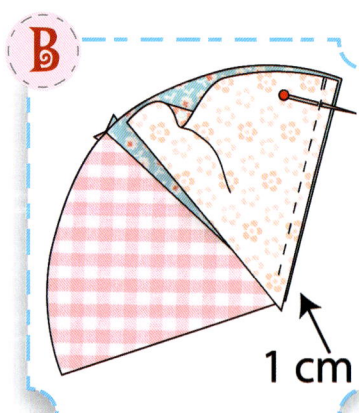

1 cm

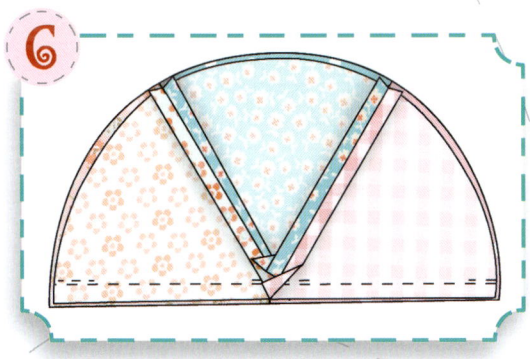

C

zu Abbildung C

4. Diese Halbkreise legst du rechts auf rechts genau übereinander und nähst sie an der langen Mittelnaht zusammen. Die Naht auseinanderbügeln.

zu Abbildung D

5. Nun legst du die Vorderseite des Nadelkissens auf den Stoffrest und schneidest die Rückseite dementsprechend groß zu, die rechten Seiten liegen innen. Nähe die beiden Kreise an der äußeren Kante ungefähr 1 cm breit zusammen, dabei lässt du eine 4–5 cm breite Öffnung frei. Das Nadelkissen durch diese Öffnung wenden.

D

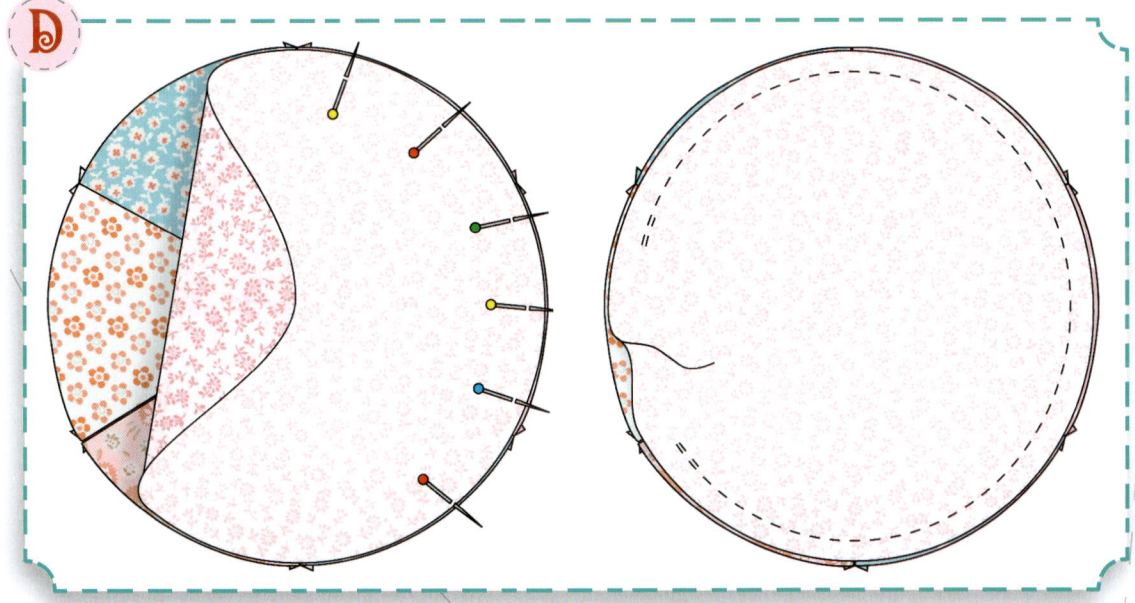

zu Abbildung E

6. Das Nadelkissen mit Füllwatte ausstopfen und die Öffnung mit der Hand zunähen.

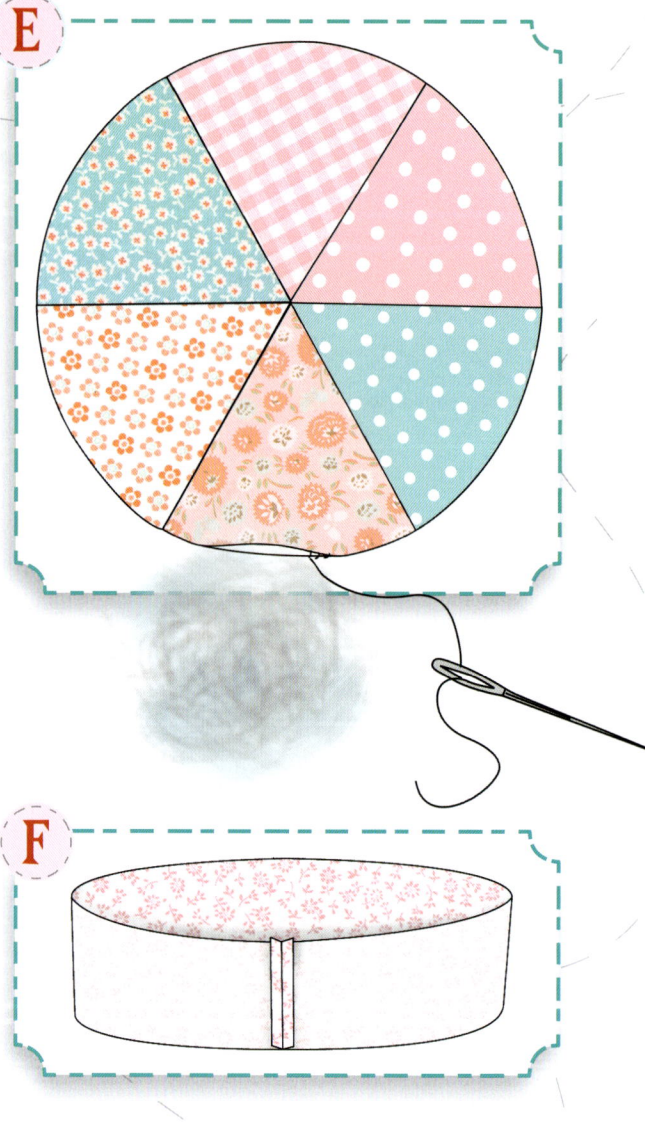

Rüsche nähen:

zu Abbildung F

7. Den Stoffstreifen an den kurzen Kanten so zusammennähen, dass die rechten Stoffseiten innen liegen. Die Naht auseinanderbügeln.

zu Abbildung G

8. Den Stoffring faltest du dann der Länge nach so, dass die linken Stoffseiten innen liegen. Ziehe in die aufeinanderliegenden unteren Kanten einen doppelt gelegten Nähgarnfaden oder Knopflochgarn ein. Ziehe den Stoffstreifen so fest wie möglich zusammen und verknote dann die Fadenenden fest.

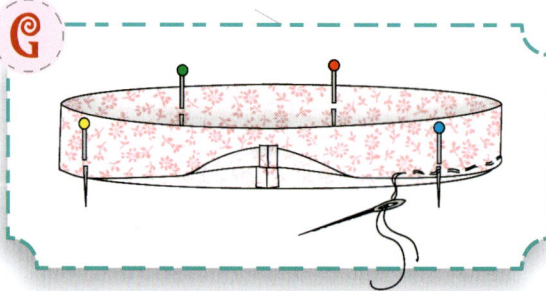

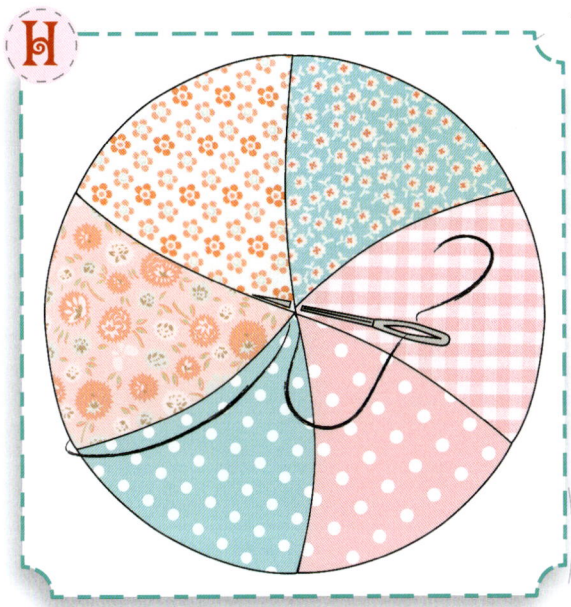

Abbinden:

zu Abbildung H

9. Nun musst du in die Sticknadel einen langen, doppelt gelegten Knopflochgarnfaden einfädeln und die Enden verknoten. Vernähe den Faden in der Mitte der Vorderseite des Nadelkissens. Steche von oben nach unten durch das Nadelkissen und ziehe den Faden durch. Anschließend stichst du mit der Nadel wieder zur Oberseite und ziehst den Faden fest an. Nun legst du den Faden immer außen herum an den einzelnen Nähten entlang und stichst dann wieder von unten nach oben durch das Kissen. Ziehe den Faden jedes Mal sehr stramm an. Das Fadenende gut vernähen.

zu Abbildung I

10. Nun nimmst du einen neuen Faden und verknotest auch hier die Enden sorgfältig. Vernähe den Faden auf der Rückseite. Lege einen Knopf in die Mitte der Rückseite. Steche durch ein Loch des unteren Knopfes und an der Oberseite wieder heraus. Lege die Stoffblume und den zweiten Knopf auf die Mitte der Oberseite. Steche zuerst durch die Blume und anschließend durch den Knopf. Dann steche wieder durch das Nadelkissen und durch den Knopf der Unterseite. Das machst du 4 bis 5 Mal. Den Faden an der Unterseite vernähen.

Handyclutch

Immer alles dabei

In dieser kleinen Handyclutch hast du dein Telefon, einen Ausweis oder Eintrittskarten immer griffbereit. Die beiden Einschubfächer im Inneren bieten viel Platz für allerlei Kleinkram, den du stets bei dir haben möchtest.

Die Vorderseite kannst man auf vielfältige Weise gestalten. Du kannst Zierbänder, Litzen, Applikationen oder kleine Blumen aufnähen. Schau in deinem Nähkästchen nach. Du findest sicherlich einige Reste, die gut passen.

Werkzeug

 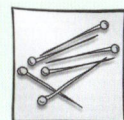
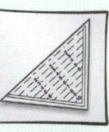 

Material

- Baumwollstoff, insgesamt 85 cm x 20 cm
- feste Vlieseline
- Nähgarn
- Knopflochgarn
- kleiner Knopf
- dünne Kordel, 25 cm

Zuschnitt

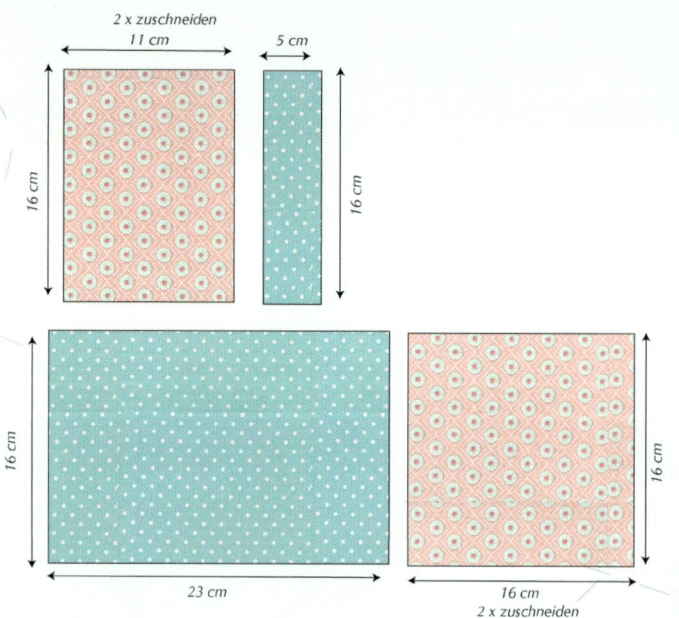

Aus Baumwollstoff und Vlieseline:

2 x Vorderseite: 11 cm x 16 cm

1 x Mittelteil: 5 cm x 16 cm

1 x Innenseite: 23 cm x 16 cm

2 x Einschubtasche: 16 cm x 16 cm

Aus Baumwollstoff:

1 x Rosette: 2,5 cm x 25 cm

Sonstiges:

2 x Kordeln/Bänder: 21 cm

Verarbeitung

1. Zunächst musst du auf die linke Stoffseite einiger Schnittteile (siehe Auflistung oben) Vlieseline aufbügeln. Benutze dafür ein Bügeltuch.

zu Abbildung A

2. Nun nähst du die drei Schnittteile für die Vorderseite zusammen. Dafür legst du das kleinere Mittelteil rechts auf rechts an die lange Kante der beiden großen Vorderteile und steckst sie sorgfältig mit Nadeln aufeinander fest. Nach dem Zusammennähen bügelst du die Naht sehr sorgfältig auseinander.

3. Anschließend nähst du das zweite Vorderteil rechts auf rechts an das Mittelteil, bügelst auch diese Naht auseinander und steppst dann beide Nähte auf der rechten Stoffseite knappkantig ab. Die Stepplinien sollten ca. 1–2 mm von der Naht entfernt liegen.

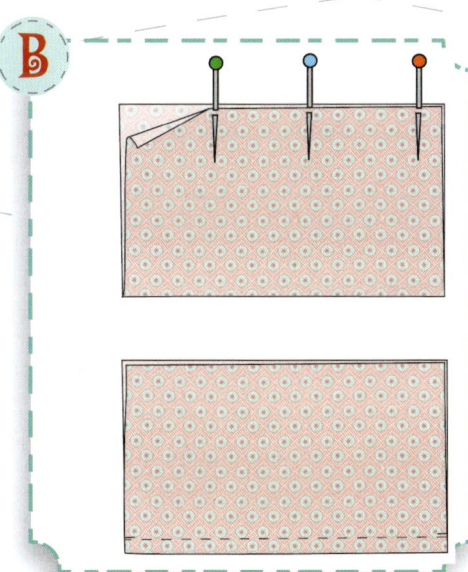

zu Abbildung B

4. Für die Innenseite der Handyclutch müssen die beiden Einschubtaschen, die du ebenfalls mit Vlieseline beklebt hast, vorgebügelt und abgesteppt werden. Dazu faltest du jeweils die beiden Stoffstücke links auf links und achtest darauf, dass alle äußeren Kanten genau aufeinander liegen.

5. Dann bügelst du die gefaltete Kante und steppst sie ungefähr 0,7 cm breit (füßchenbreit) ab.

zu Abbildung C

6. Nun legst du die Einschubtaschen deckungsgleich auf die Innenseite der Tasche, die gefalteten und abgesteppten Kanten zeigen dabei zur Mitte. Beide Taschen mit Nadeln fixieren und 1–2 mm breit auf dem inneren Schnittteil feststeppen.

7. Damit du die Clutch später auch zubinden kannst, legst du die beiden Kordeln exakt in die Mitte der Einschubtaschen und nähst sie ebenfalls fest.

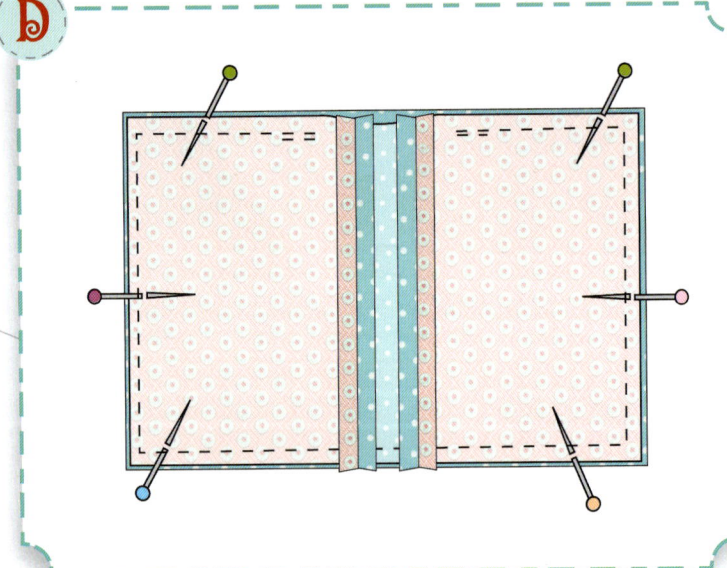

zu Abbildung D

8. Nachdem du nun die Außen- und Innenseite der Tasche fertiggestellt hast, werden diese Teile miteinander verstürzt. Dafür legst du sie mit den rechten Seiten aufeinander und steckst alle Kanten exakt mit Nadeln fest. Dann nähst du die Innen- und Außenseite der Clutch ringsum aufeinander, lässt aber die Naht an der oberen Kante 10 cm offen.

9. Anschließend schneidest du die Nahtzugaben auf 3–4 mm zurück und die Ecken schräg ab.

zu Abbildung E

10. Nach dem Verstürzen wendest du die Schnittteile durch die Öffnung und rollst die Nahtzugaben zwischen den Finger aus. Die Ecken drückst du mit einer Schere vorsichtig heraus, bevor du alle Kanten mit dem Bügeleisen flach bügelst.

Die Vorderseite der Handyclutch kannst du mit einer kleinen Rosette oder Blume schmücken, die mit einem Knopf festgenäht wird. Das Nähen der Rosette ist ganz einfach:

zu Abbildung F

11. Nähe die kurzen Seiten des Streifens so aufeinander, dass die rechten Stoffseiten aufeinanderliegen. Anschließend die Nahtzugaben auseinanderbügeln.

zu Abbildung G

12. Dann musst du den zum Ring zusammengenähten Stoffstreifen so falten, dass die linken Seiten und die Stoffkanten exakt aufeinanderliegen. Bügle die gefaltete Kante. Nun fädelst du das Knopflochgarn in eine dicke Nadel, legst den Faden doppelt und verknotest die Fadenenden.

13. Anschließend nähst du mit diesem Faden, ca. 0,5 cm von der unteren Stoffkante entfernt, die Kanten aufeinander und ziehst den Faden zum Schluss an beiden Enden so fest wie möglich zusammen.

zu Abbildung H

14. Die Fadenenden verknotest du, bevor du die Rosette samt Knopf auf die Vorderseite der Handyclutch aufnähst. Achte darauf, dass du die Rosette nur an der Innen- und Außenseite der Hülle und nicht am Einschubteil festnähst.

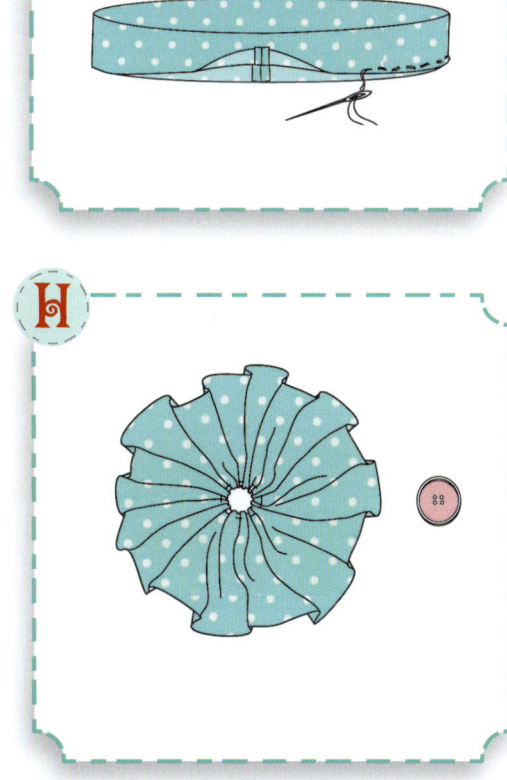

G

H

Monsterutensilo

Nützliches Monster

In dem kleinen Monster finden nicht
nur schmutzige Socken ihren Platz.
Dieses Säckchen schluckt alles, was
im Weg liegt und lässt dein Zimmer
ganz schnell aufgeräumt aussehen.
Haare, Nase und Augen werden aus Filzresten zugeschnitten, die sich sicherlich in
deiner Nähkiste finden lassen. Aufgehängt
wird das Monster an einem kleinen Ast.

Material

- Baumwollstoff:
  1 m x 45 cm
- Vlieselinerest
- Vliesofix
- Filzreste
- Nähgarn
- Ast, ca. 40 cm
- Knopflochgarn

Werkzeug

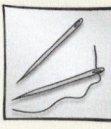
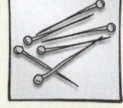

Zuschnitt

Aus Baumwolle und Vlieseline

1 x Rückseite: 30 cm x 41 cm
1 x Vorderseite/unten: 30 cm x 28 cm
1 x Vorderseite/oben: 30 cm x 23 cm
3 x Stoffschlaufen: 7 cm x 8 cm

Aus Filz

1 x Haare: 30 cm x 8 cm
1 x Nase: 12 cm x 9 cm

Aus Filz oder Stoffresten und Vliesofix:

2 x Augen/weiß: 6 cm x 6 cm
2 x Augen/schwarz: 4 cm x 4 cm

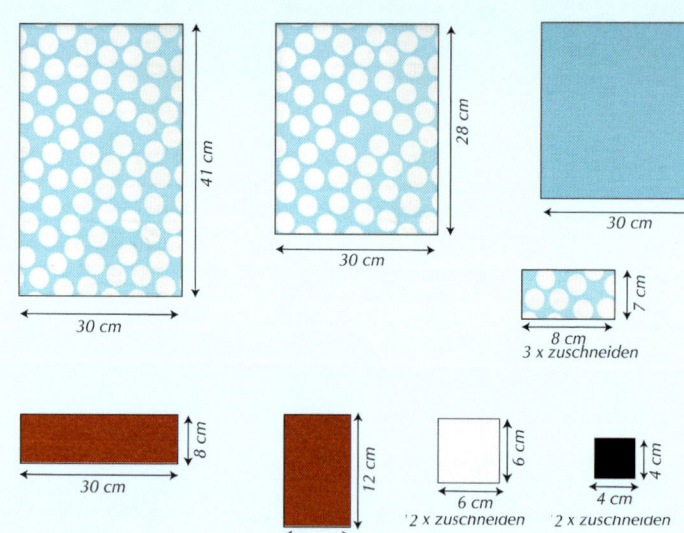

1. Schnittteil Nr. 6, Nr. 7 und Nr. 8 von Seite 170 und Seite 171 kopieren und ausschneiden.

2. Die Schnittmuster mit Nadeln auf das jeweilige Stoffstück stecken und zuschneiden.

3. Auf die linke Seite der Filz- oder Stoffreste für die Augen Vliesofix aufbügeln. Hierzu ein Bügeltuch benutzen. Anschließend die Schnittmuster auf das Trägerpapier auflegen und die Augen zuschneiden.

Verarbeitung

A

zu Abbildung A

1. Hast du dich für einen sehr dünnen Stoff entschieden, solltest du auf die linke Stoffseite der Vorder- und Rückenteile Vlieseline aufbügeln. Benutze dafür ein Bügeltuch.

B

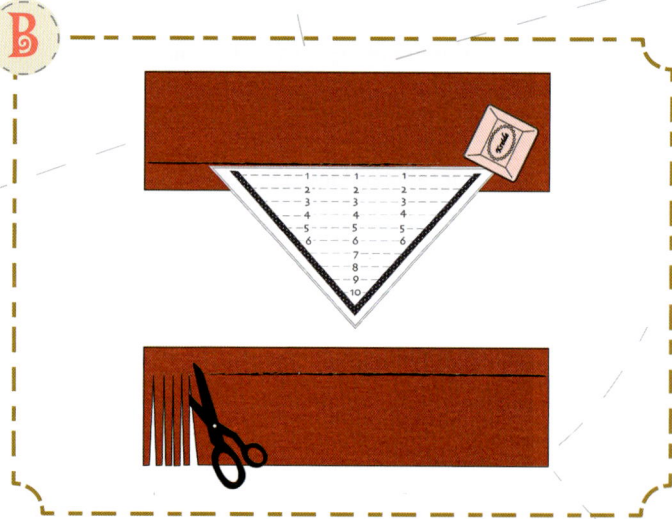

zu Abbildung B

2. Zeichne auf den Filzstreifen eine Kreidelinie auf, die 2 cm von der oberen Kante entfernt liegt. Schneide dann Fransen im Abstand von 0,5 cm ein, das sind die Haare. Schneide bis an die markierte Linie.

C

30 cm

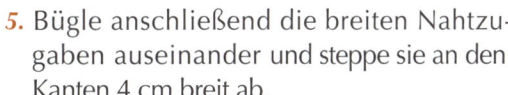

zu Abbildung C

3. Im nächsten Arbeitsschritt schneidest du die Ecken des unteren Schnittteils rund ab. Für die Rundung lege einen kleinen Teller auf. Dann zeichnest du auf die linke Stoffseite eine Linie, die 5 cm von der oberen Kante entfernt ist. Diese Linie zeichnest du auch am oberen Schnittteil auf.

zu Abbildung D

4. Nähe die beiden Vorderteile entlang der eingezeichneten Linien zu beiden Seiten hin 6 cm breit aufeinander, die rechten Stoffseiten müssen innen liegen.

5. Bügle anschließend die breiten Nahtzugaben auseinander und steppe sie an den Kanten 4 cm breit ab.

D

E

zu Abbildung E

6. Stecke nun die „Haare" mit Nadeln an das obere Säckchenteil und nähe sie 2–3 mm breit fest. Falte die obere Kante der Nase 1 cm nach links und nähe sie in der Mitte des unteren Säckchens fest.

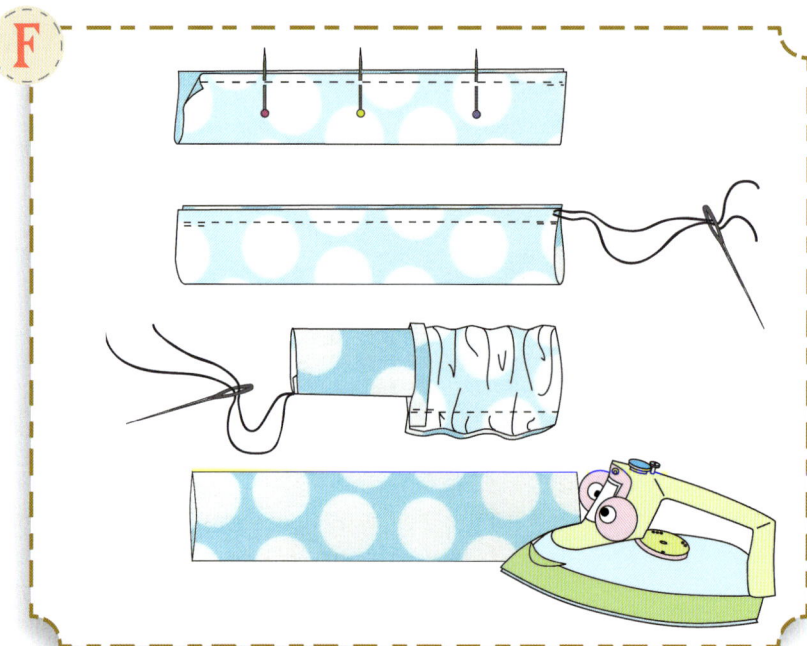

Zum Aufhängen des Säckchens benötigst du drei Schlaufen, die folgendermaßen genäht werden:

zu Abbildung F

7. Falte den Stoffstreifen jeweils so, dass die rechten Seiten innen liegen und nähe dann die langen Kanten 1 cm breit aufeinander. Schneide die Nahtzugaben anschließend auf 2–3 mm zurück.

8. Fädle dann einen Zwirn oder Knopflochgarn in eine dicke Stopfnadel und nähe den Faden an der Nahtzugabe einer kurzen Seite fest.

9. Schiebe die Nadel anschließend, mit dem Öhr voran, durch den Stofftunnel und wende die Schlaufe durch vorsichtiges Ziehen am Faden. Nach dem Wenden bügelst du die Kanten flach.

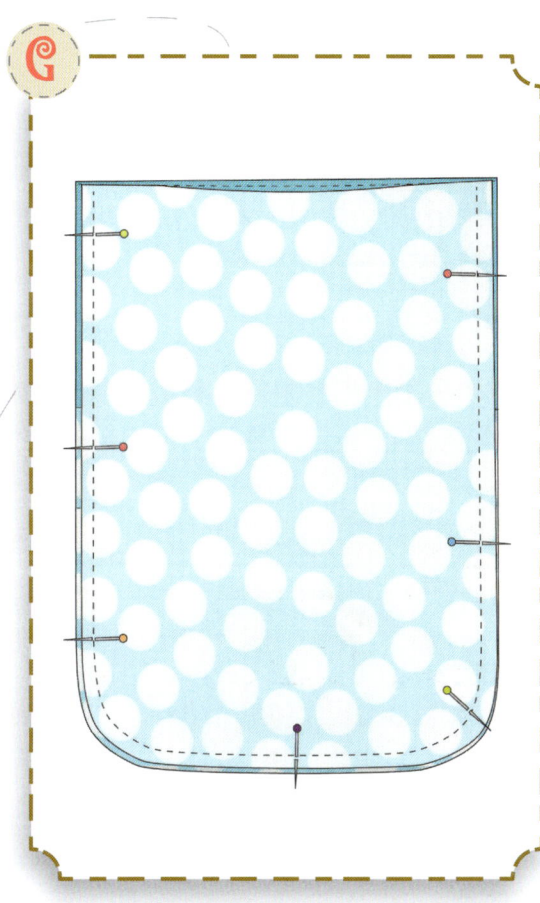

zu Abbildung G

10. Nachdem du die Vorderseite fertiggestellt hast, rundest du nun auch die unteren Ecken der Rückseite ab. Im Anschluss daran nähst du beide Schnittteile aufeinander, die rechten Stoffseiten liegen wieder innen. Anschließend schneidest du die Nahtzugaben auf 0,5 cm zurück und an den Rundungen vorsichtig ein. Jetzt wendest das Utensilo auf die rechte Seite und bügelst auch diese Kanten wieder vorsichtig flach.

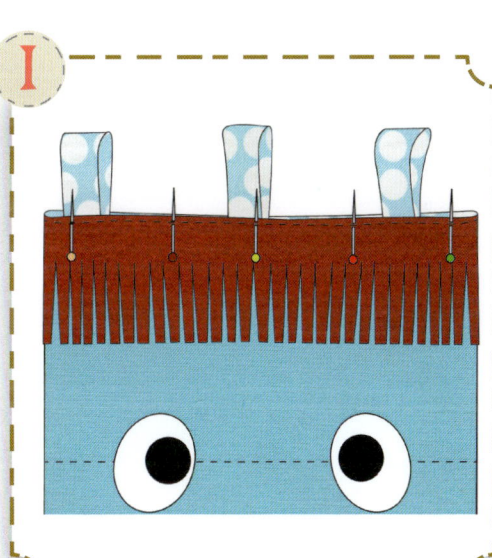

I

zu Abbildung I

12. Steppe anschließend die oberen Kanten aufeinander und bügle zum Schluss die Augen auf. Das Trägerpapier des Vliesofix musst du vorher entfernen. Wenn du kein Vliesofix zur Hand hast, kannst du die Augen natürlich auch mit der Hand aufnähen oder aufkleben.

H

zu Abbildung H

11. Bügle jetzt die Nahtzugaben entlang der oberen Kante 1 cm nach links um und stecke die drei Schlaufen, die du vorher zur Hälfte gefaltet hast, an der hinteren Nahtzugabe fest.

Kosmetikbeutel

Platz für deine Kosmetik

Nicht nur für Flugreisen sind diese Kosmetikbeutel mit dem durchsichtigen Beutelteil aus Folie der Renner. Auch bei anderen Gelegenheiten werden sie dir gute Dienste leisten.

Bei der durchsichtigen Folie handelt es sich um Tischdeckenfolie, die du am laufenden Meter kaufen kannst. Du findest das Material in großen Stoffgeschäften, aber auch in Läden, die Gartentischdecken verkaufen.

Werkzeug

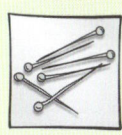

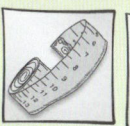

Material

- Tischdeckenfolie: 32 cm x 20 cm
- Baumwollstoff: 30 cm x 22 cm
- Kunststoffreißverschluss: 22 cm
- Nähgarn

Zuschnitt

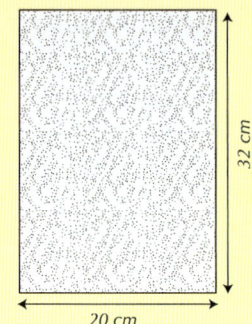

Aus Folie

1 x Beutelteil/Folie: 20 cm x 32 cm

Aus Baumwollstoff

1 x Verschlussblende: 20 cm x 20 cm

1 x Verschlussblende: 20 cm x 8 cm

Tipp

Bei der Verarbeitung der Folie solltest du zwei Dinge beachten:

1. Falls du die Schnittteile mit Nadeln zusammensteckst, solltest du es an Stellen tun, die später nicht sichtbar sind.

2. Sollte deine Folie nach dem Nähen und Wenden sehr zerknittert sein, kannst du die Knicke mit einem Fön etwas glätten.

Verarbeitung

In der Materialauflistung ist ein Reißverschluss angegeben, der etwas länger ist als die dafür vorgesehene Öffnung. Dies ist beabsichtigt, da er vor dem Zusammennähen der Seitennähte auf die tatsächliche Länge gekürzt und somit exakt auf die Breite des Kosmetikbeutels abgestimmt wird. Dies funktioniert aber nur bei dünnen Kunststoffreißverschlüssen. **Bitte verwende keinen Metallreißverschluss!**

A

zu Abbildung A

1. Wenn du dich für einen sehr dünnen Baumwollstoff entschieden hast, musst du auf die linke Stoffseite der Blenden dünne Vlieseline aufbügeln. Verwende dazu ein Bügeltuch.

B

zu Abbildung B

2. Zeichne an den beiden 20 cm langen Seiten der Reißverschlussblenden mit Hilfe eines Lineals und Kreide eine Linie, die 2 cm von der Kante entfernt liegt.

3. Bügle die Stoffkante anschließend bis zu dieser Markierung um.

4. Dann faltest und bügelst du die Blende links auf links.

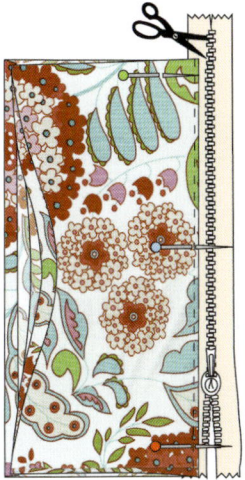 

zu Abbildung C

5. Den Reißverschluss legst du nun exakt unter die umgebügelte Kante eines Blendenteils und steckst ihn mit Nadeln fest. Die Zähnchen des Reißverschlusses liegen nur 1–2 mm von der Stoffkante entfernt. Damit du leichter nähen kannst, solltest du den Reißverschluss mit einem doppelt gelegten Nähgarnfaden oder einem Heftfaden zuvor von Hand festheften.

6. Setze dann das Reißverschlussfüßchen deiner Nähmaschine ein. Mit diesem Spezialfuß gelingt dir das exakte Festnähen leichter. Schaue eventuell in deinem Nähmaschinenhandbuch nach, wie er eingesetzt wird.

Nähe nun den Reißverschluss mit der Nähmaschine fest, bevor du ihn auf die endgültige Länge kürzt. Benutze dafür eine alte Schere, keine Stoffschere! Nähe dann die zweite Stoffkante an die andere Kante des Reißverschlusses.

7. Mit einem doppelt gelegten Nähgarnfaden nähst du am abgeschnittenen Ende des Reißverschlusses von Hand einen kleinen Riegel, damit der Zipper nicht herunterrutschen kann. Den Heftfaden entfernst du nun wieder.

zu Abbildung D

8. Nachdem du nun den Reißverschluss eingenäht hast, schiebst du die Folie 1 cm weit zwischen die umgebügelten Nahtzugaben der Reißverschlussblenden und steppst sie 1–2 mm breit fest. Zum einfacheren Festnähen kannst du den Reißverschluss öffnen.

zu Abbildung E

9. Ganz zum Schluss werden die beiden Seitennähte des Beutels geschlossen. Falte den Kosmetikbeutel so, dass die Außenkanten und die Reißverschlussblenden deckungsgleich aufeinanderliegen. Der Reißverschluss sollte zum Wenden geöffnet sein. Nach dem Aufeinandersteppen musst du den Beutel auf die Vorderseite wenden und die Ecken vorsichtig mit einer Schere herausdrücken.

Fuchskissen

Kuscheltier & Kissen zugleich

Dieser kleine Fuchs ist eine Kombination aus Kuscheltier und Kissen und wird sich sicherlich auch auf deinem Bett oder Sofa gut machen.

Für dieses Projekt solltest du ein wenig Näherfahrung mitbringen und an deiner Nähmaschine sollte sich ein Zickzackstich einstellen lassen, denn Augen, Schnauze und Ohren sind aus Filz und werden aufappliziert.

Material

- oranger Baumwollstoff: 60 cm x 40 cm
- weißer Baumwollstoff: 30 cm x 16 cm
- Filzreste
- Vliesofix
- Füllwatte
- Nähgarn

Werkzeug

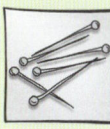

Zuschnitt

Vor dem Zuschneiden der Stoffe musst du das obere und untere Kissenschnittteil (Nr. 13/1 und Nr. 13/2, Seite 170 und 171) aus Papier zusammensetzen. Klebe dazu einen schmalen Papierstreifen unter die beiden Schnittteile.

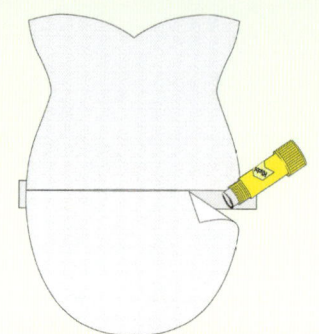

Aus Baumwollstoff

1 x Vorderseite: 28 cm x 40 cm

1 x Rückseite: 28 cm x 40 cm

2 x Gesicht: 15 cm x 15 cm

Aus Filz und Vliesofix

1 x Schnauze

2 x Ohr

2 x Auge

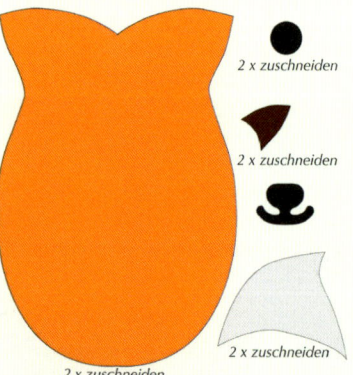

2 x zuschneiden

2 x zuschneiden

2 x zuschneiden

2 x zuschneiden

1. Schnittteile Nr. 9 bis Nr. 13 von den Seiten 170 und 171 kopieren und ausschneiden.

2. Die Schnittmuster mit Nadeln auf den Filzrest und auf den Baumwollstoff stecken und laut Beschriftung zuschneiden.

Verarbeitung

zu Abbildung A

1. Damit das Aufnähen von Gesicht, Augen, Ohren und der Schnauze einfacher wird, kann man auf die linke Stoffseite dieser Schnittteile Vliesofix aufbügeln. Hierbei handelt es sich um ein Klebevlies mit einem Trägerpapier. Schneide deshalb diese Teile zunächst nur grob zu und beklebe sie auf der linken Seite mit Vliesofix. Benutze dafür unbedingt ein Bügeltuch.

zu Abbildung B

2. Nachdem du nun das Vliesofix auf die entsprechenden Teile aufgebügelt hast, schneidest du die Teile exakt zu. Dann ziehst du das Trägerpapier ab und bügelst zunächst nur die Gesichtsteile auf die vordere Kissenseite auf. Beachte die Lage der beiden Teile und kontrolliere sie anhand des Schnittmusters. Anschließend nähst du das Gesicht mit einem kleinen und dicht eingestellten Zickzackstich entlang der Kanten auf.

A

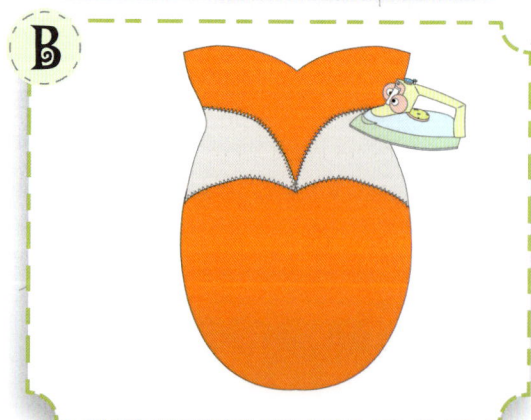

B

zu Abbildung C

3. Nachdem du das Gesicht aufgenäht hast, bügelst du ebenfalls Schnauze, Ohren und Augen auf. Benutze dazu ein Bügeltuch. Diese Schnittteile aus Filz kannst du anschließend mit einem kurzen Geradstich oder Zickzackstich aufnähen.

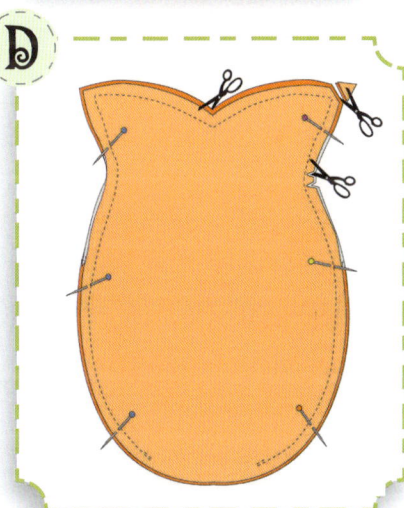

zu Abbildung D

4. Jetzt legst du vorderes und hinteres Kissenteil so aufeinander, dass die rechten Stoffseiten innen liegen. Stecke die Teile ringsum mit Nadeln fest und nähe die beiden Schnittteile aufeinander, nur an der unteren Kante lässt du eine Öffnung von ca. 15 cm frei.

5. Schneide nach dem Nähen die Nahtzugaben an den Kanten auf 0,5 cm zurück, die Rundungen ein und die Ecken schräg ab.

6. Nun musst du das Kissen durch die Öffnung nach außen wenden und die Ecken und Rundungen mit einer Schere vorsichtig herausdrücken, bevor du die Kanten mit einem Bügeleisen flach bügelst.

zu Abbildung E

7. Um das Kissen komplett fertigzustellen, füllst du es mit Watte und nähst die untere Kante mit einigen Handstichen zu.

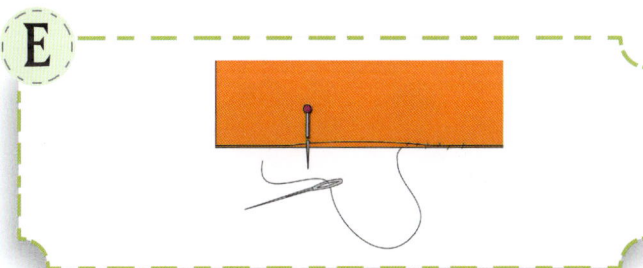

Lenker-
tasche

Diese kleine Lenkertasche wurde aus einer alten Einkaufstasche,
einem kleinen Stoffrest, sowie
einigen Litzen und Bändern genäht. Sie wird durch zwei kleine
Klettverschlussstreifen am Lenker
befestigt und kann dadurch schnell
abgenommen werden.
Die verwendete Einkaufstasche
besteht aus einer stabilen und
nahezu reißfesten Kunstfaser, die
du sicherlich aus großen Möbel-
geschäften kennst. Du kannst sie
mit farbenfrohen Mustern in vie-
len Geschäften, Dekoläden und
Möbelhäusern kaufen.

Kleiner Einkaufshelfer

Material

- Baumwollstoff:
  57 cm x 37 cm
- Einkaufstasche
  (Kunstfaser):
  57 cm x 37 cm
- Vlieseline:
  57 cm x 37 cm
- 2 x Gurtband:
  2,5 cm x 20 cm
- 2 x Klettband:
  2,5 cm x 9 cm
- 1 x Zackenlitze: 55 cm
- 1 x Rüschenlitze: 55 cm
- Nähgarn

Werkzeug

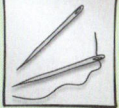

Zuschnitt

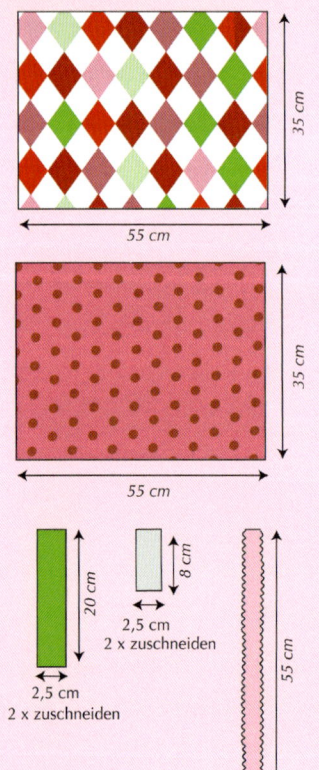

Aus Baumwollstoff und Vlieseline
1 x inneres Taschenteil:
55 cm x 35 cm

Aus Kunstfaser
1 x äußeres Taschenteil:
55 cm x 35 cm

Sonstiges
2 x Gurtband: 2,5 cm x 20 cm
2 x Klettband : 2,5 cm x 8 cm
1 x Rüschenlitze: 55 cm
1 x Zackenlitze: 55 cm

Verarbeitung

zu Abbildung A

1. Nach dem Zuschneiden solltest du auf die linke Stoffseite der Innentasche (aus Stoff) Vlieseline aufbügeln. Das macht sie noch stabiler. Verwende ein Bügeltuch.

zu Abbildung B

2. Dann faltest du jeweils Innen- und Außentasche wie ein Heft, so dass die rechten Seiten innen liegen. Anschließend nähst du die Unterkante und die offene Seitenkante aufeinander, bei der Innentasche aus Stoff schließt du aber zunächst nur 10 cm der Naht, lässt dann 15 cm offen (Öffnung zum Wenden), bevor du den Rest der Seitennaht nähst. Bei der Innentasche aus Stoff kannst du die Nahtzugaben auseinanderbügeln. Die Kunstfaser sollte nicht direkt mit dem Bügeleisen in Kontakt kommen, das Material könnte schmelzen.

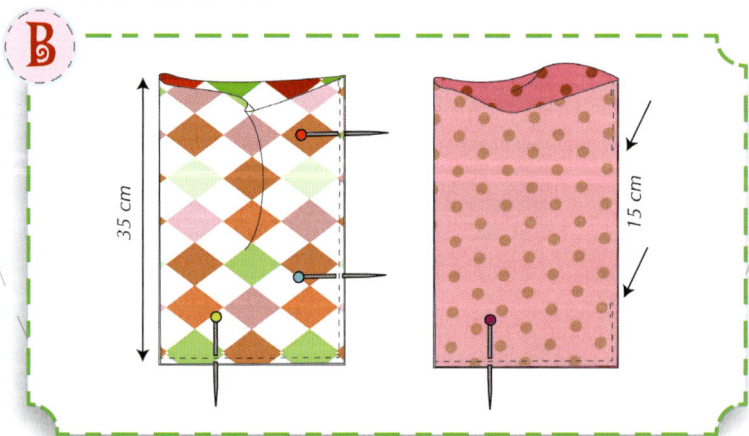

zu Abbildung C

3. Nun musst du an der Innen- und Außentasche die Ecken abnähen. Da du nur eine Seitennaht hast, markierst du dir auf der anderen Seite den Nahtverlauf, indem du die Linie mit dem Fingernagel „einritzt" oder du machst einen dünnen Kreidestrich.

4. Die Ecken werden nun folgendermaßen abgenäht:
Du legst die Seitennaht und die Naht an der unteren Kante der Lenkertasche so aufeinander, dass die rechten Seiten innen liegen. Dann steckst du die beiden Nähte mit Nadeln aufeinander fest und zeichnest dir mit einem Geodreieck eine 10 cm lange Linie im rechten Winkel zur Seitennaht quer über die Ecke. Entlang der eingezeichneten Linie steppst du dann die Ecke ab. Die zweite Ecke arbeitest du genauso, hier steckst du den Stoffbruch auf die untere Naht.

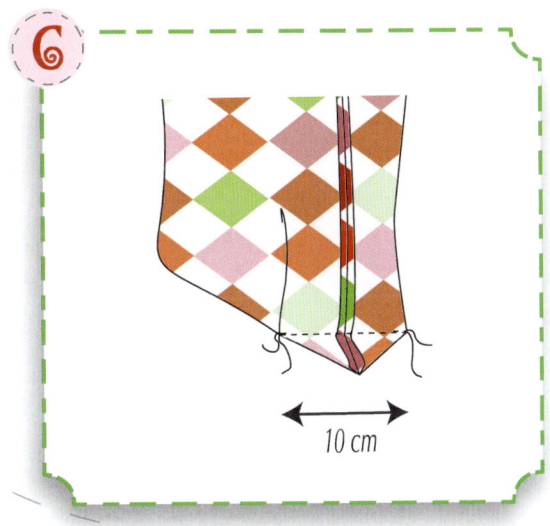

10 cm

5. Nachdem du nun die Ecken abgenäht hast, werden die beiden Taschenteile entlang der oberen Kante zusammengenäht.

zu Abbildung D

6. Dazu schiebst du Innen- und Außentasche ineinander, die beiden rechten Seiten liegen innen.

zu Abbildung E

7. Dann steckst du die oberen Kanten mit Nadeln fest und nähst sie aufeinander. Durch die Öffnung an der Innenseite wendest du die Tasche und nähst die Öffnung anschließend mit einigen Handstichen zu.

D

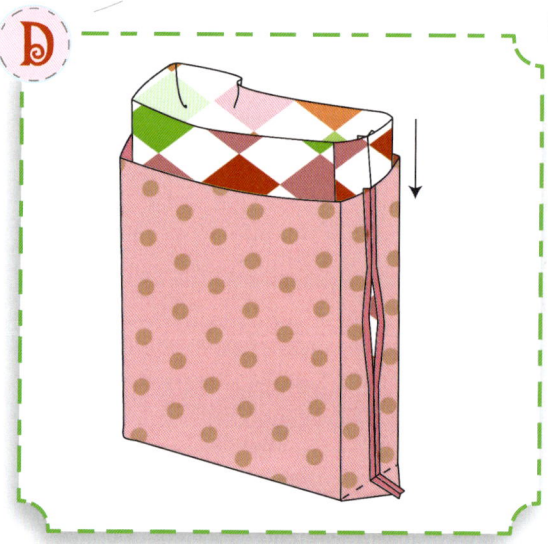

E

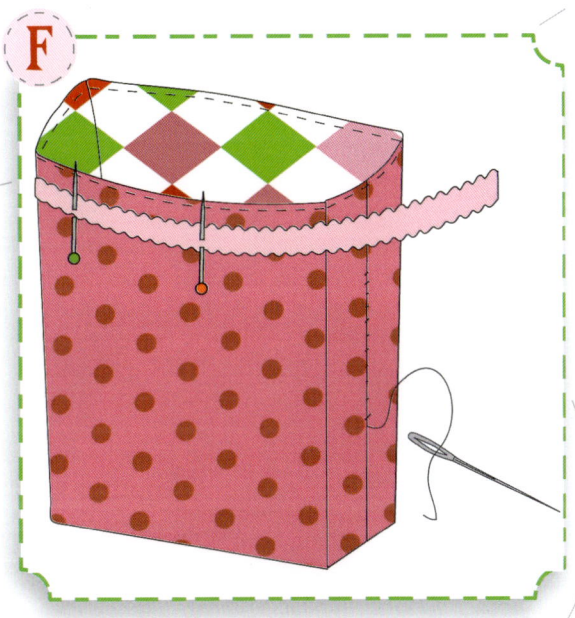

F

G

zu Abbildung F

8. Nach dem Zunähen der Öffnung kannst du nun Litzen, Rüschenbänder oder Webbänder an die obere Kante der **Innentasche aus Stoff** nähen, da sie später umgekrempelt wird. Der Abstand zur oberen Kante sollte ungefähr 1,5 cm betragen. Anfang und Ende der Bänder schlägst du nach innen ein. Jetzt wendest du die Tasche, so dass die Stoffseite innen liegt und krempelst die Oberkante nach außen.

9. Die Tasche wird mit kurzen Gurtbändern, auf die Klettbänder genäht werden, am Lenker befestigt.

zu Abbildung G

10. Schneide die Klettbänder wie oben angegeben zu und nähe sie so auf die Gurtbänder, dass die flauschige und die kratzige Seite des Klettbandes jeweils übereinander angeordnet auf ein Gurtband genäht werden. An der oberen und unteren Kante des Gurtbandes bleiben jeweils 2 cm frei.

11. Anschließend faltest du eine kurze Seite des Gurtbandes jeweils 1 cm nach innen ein und nähst sie dann mit der Maschine oder mit einigen Handstichen fest.

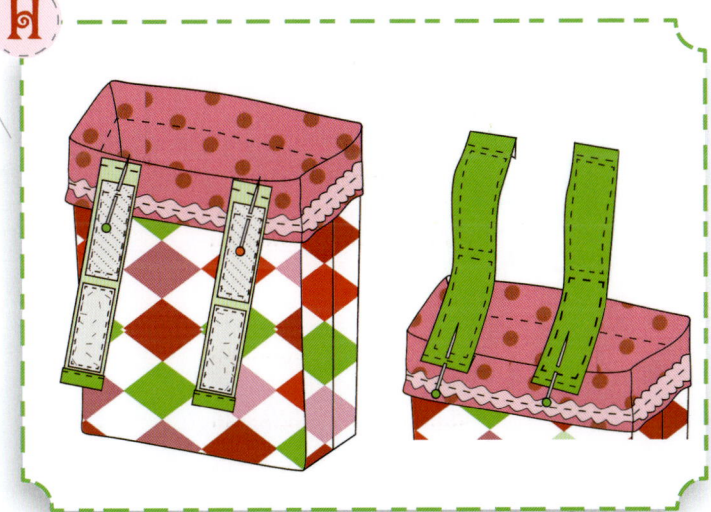

H

zu Abbildung H

12. Bevor du nun die fertigen Gurtbänder an die obere Kante der Lenkertasche nähen kannst, faltest du die Innenseite (Stoff) ungefähr 6 cm weit nach außen um. Dann nähst du die beiden Bänder mit der nicht umgeschlagenen Seite, ungefähr 4 cm von den Seitennähten entfernt, fest. Du nähst dabei durch alle vier Stofflagen. Anschließend klappst du die Gurtbänder nach oben und übersteppst sie nochmals.

Rock

Schnell genäht

Material

- Weich fallender Baumwoll- oder Viskosestoff
- Gummiband, 4 cm breit
- Nähgarn

Dieser Rock besteht aus nur einem Stoffstück, das an einer Seite zu einem Schlauch zusammengenäht wird. Die obere Kante wird zu einem Tunneldurchzug für ein Gummiband umgeschlagen. In die untere Rockkante wird ein Saum genäht. Die Größe des Stoffstückes hängt von deinem Taillen- und deinem Hüftumfang ab, außerdem auch von der Rocklänge. Die Taille ist die schmalste Stelle des Körpers, die Hüfte ist die breiteste Stelle. Wenn du einen sehr weiten und stark eingekräuselten Rock haben möchtest, schneidest du das Rechteck breiter zu.

Werkzeug

Zuschnitt

1. Rockbreite berechnen:
Für einen sehr weiten Rock multiplizierst du die ausgemessene Hüftweite mit 2, für einen weniger weiten Rock multiplizierst du den Wert mit 1,5.

2. Rocklänge berechnen:
Die Länge des Rockes ermittelst du, indem du dir zunächst einen Gürtel recht stramm um die Taille bindest. Nimm dann ein Maßband und miss von der oberen Gürtelkante bis zu deiner gewünschten Rocklänge. Hierbei solltest du dir helfen lassen. Dann musst du noch zusätzlich 5 cm für den Saum und 6 cm für den Gummizug hinzurechnen. Das sind insgesamt 11 cm.

Taille

Hüfte

Rocklänge

Hüftumfang x 1,5 oder x 2

Rocklänge + 11 cm

Verarbeitung

1. Zunächst musst du alle Kanten mit einem Zickzackstich umnähen.

zu Abbildung A

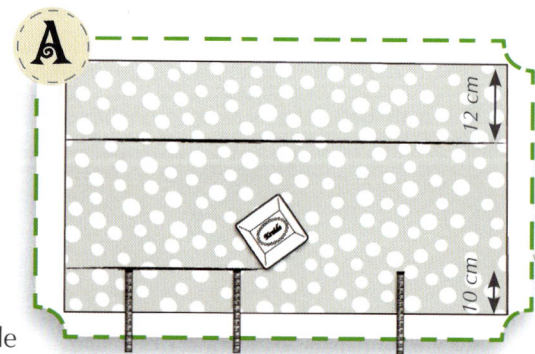

A

12 cm

10 cm

2. Für den Saum an der unteren Rockkante misst du mit einem Maßband in regelmäßigen Abständen 10 cm nach oben ab. Zeichne mit Kreide kleine Markierungen an, die dann zu einer Linie verbunden werden. An der oberen Kante machst du 12 cm hohe Markierungen für den Gummidurchzug, die du ebenfalls miteinander verbindest.

zu Abbildung B

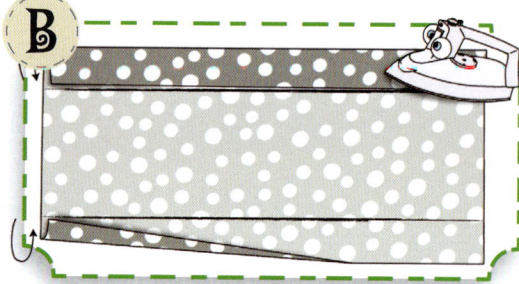

B

3. Den Stoff für den Saum und den Gummidurchzug bügelst du dann bis zu diesen Linien um.

zu Abbildung C

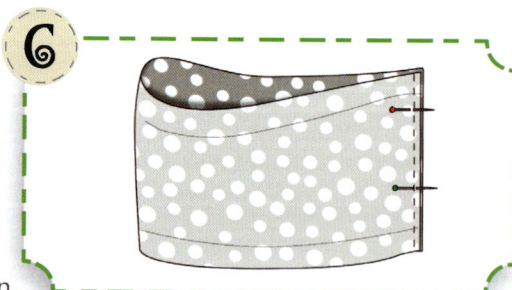

C

4. Den Stoff an den umgebügelten Kanten wieder aufklappen und die Seitennaht 1 cm breit zusammennähen. Die Nahtzugaben auseinanderbügeln.

zu Abbildung D

5. Nun schlägst du die umgebügelte Kante an der Taille wieder nach innen und steckst sie mit Nadeln fest.

6. Dann legst du den Rock auf den Tisch und zeichnest an der Taille ringsum mit Maßband und Kreide 4,5 cm tiefe Markierungen an. Das ist die Stepplinie für den Gummidurchzug.

zu Abbildung E

7. Jetzt nähst du den Tunnel, wobei du an der Seitennaht ungefähr 5 cm offen lassen musst. Hier ziehst du später das Gummiband ein. Nahtanfang und Nahtende gut verriegeln.

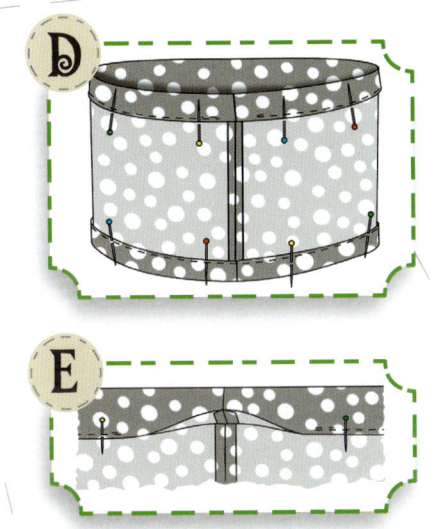

Einziehen des Gummibandes:

1. Lege das Gummiband um deine Taille und schneide es auf die entsprechende Länge ab. Denke aber unbedingt an weitere 2 cm Länge, die du zum Zusammennähen benötigst.

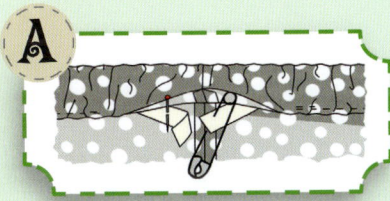 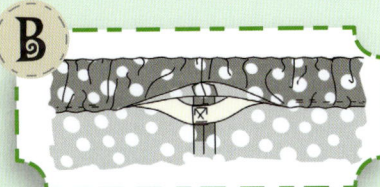 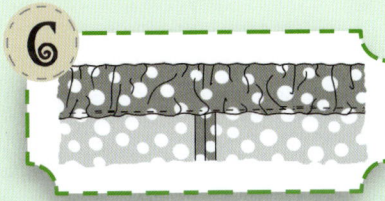

zu Abbildung A

2. Als erstes stichst du die Sicherheitsnadel durch ein Ende des Gummibandes und schließt die Nadel wieder sorgfältig.

3. Dann steckst du sie in die Öffnung des Tunnels und schiebst die Nadel Schritt für Schritt hindurch, bis sie an der anderen Seite wieder zum Vorschein kommt. Pass auf, dass das hintere Ende des Gummibandes nicht im Tunnel verschwindet. Du kannst es vorher ebenfalls mit einer Sicherheitsnadel befestigen.

zu Abbildung B

4. Lege dann beide Enden des Gummibandes übereinander und nähe sie entweder mit der Nähmaschine oder mit der Hand fest zusammen.

zu Abbildung C

5. Lasse dann das zusammen genähte Gummiband im Tunnel verschwinden und verteile die Kräusel gleichmäßig.

6. Zum Schluss nähst du die Öffnung mit einigen Handstichen zu.

7. Nun ziehst du den Rock nochmals über und überprüfst die Rocklänge. Jetzt könntest du ihn noch kürzer oder länger machen. Wenn du mit der Länge zufrieden bist, nähe den Saum fest.

Alle Schnittmuster können sie unter
http://www.bassermann-verlag.de/nadelzauber-
schnittmuster herunterladen.

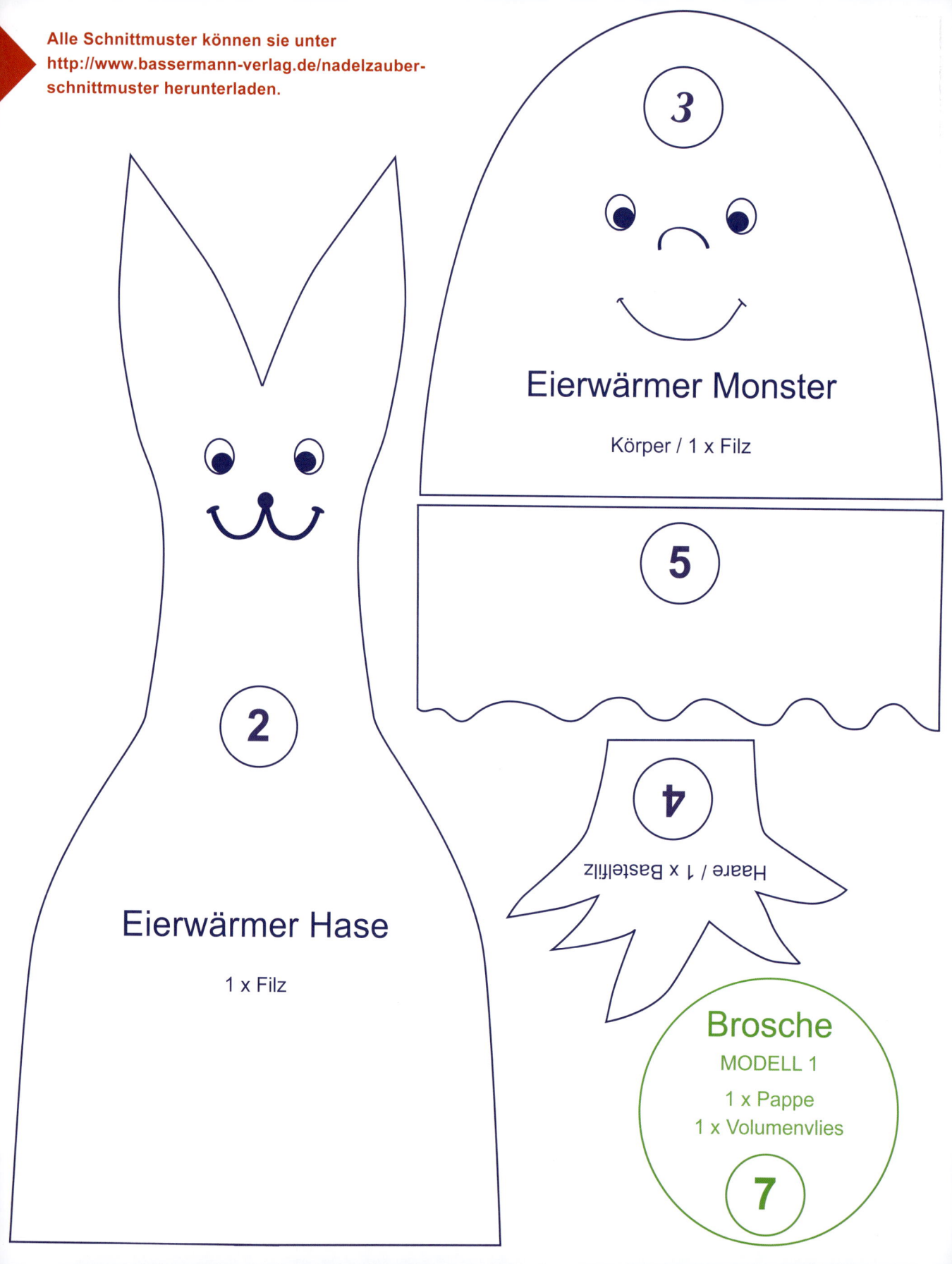

3

Eierwärmer Monster

Körper / 1 x Filz

5

4

Haare / 1 x Bastelfilz

2

Eierwärmer Hase

1 x Filz

Brosche
MODELL 1
1 x Pappe
1 x Volumenvlies

7

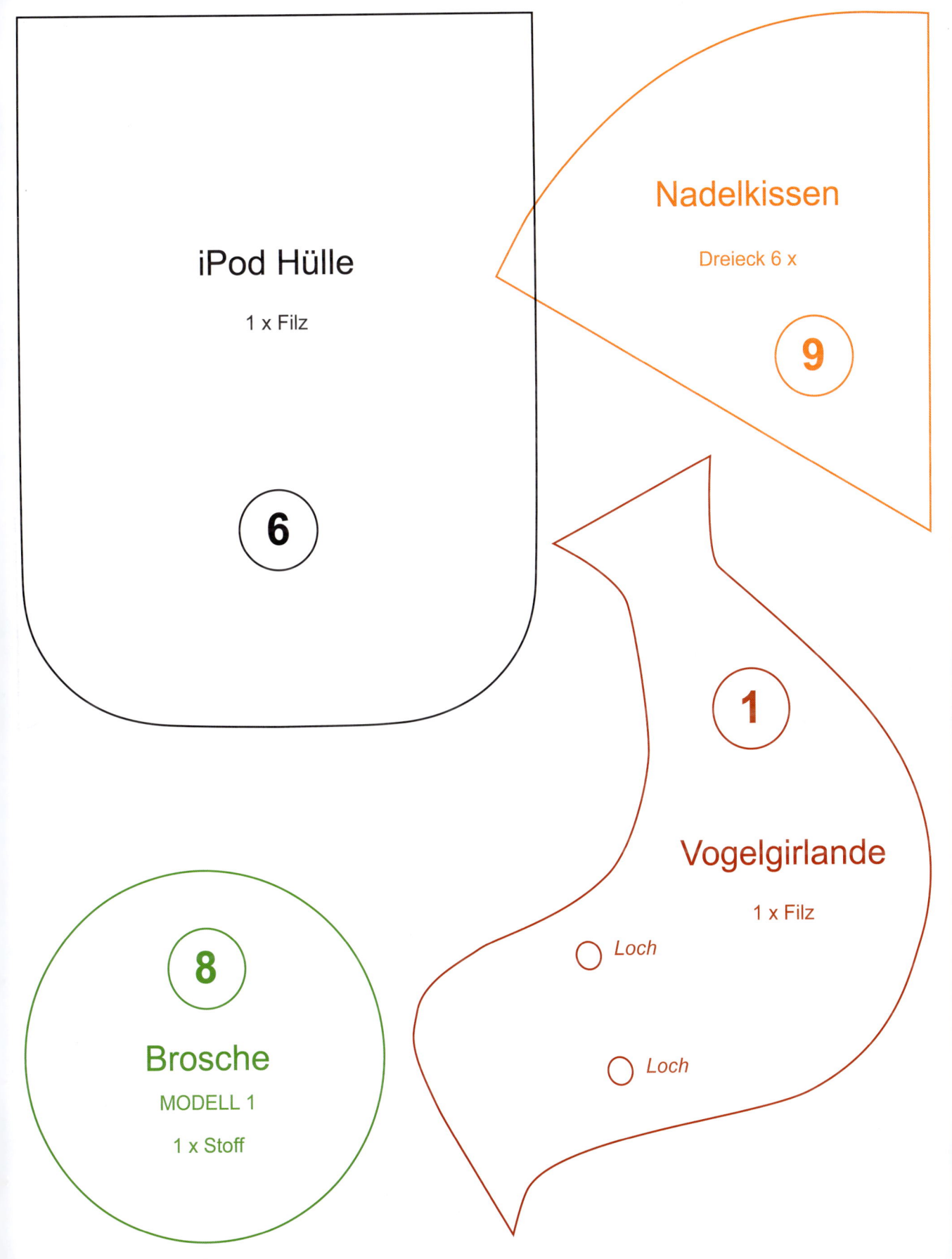

iPod Hülle

1 x Filz

6

Nadelkissen

Dreieck 6 x

9

1

Vogelgirlande

1 x Filz

Loch

Loch

8

Brosche

MODELL 1

1 x Stoff

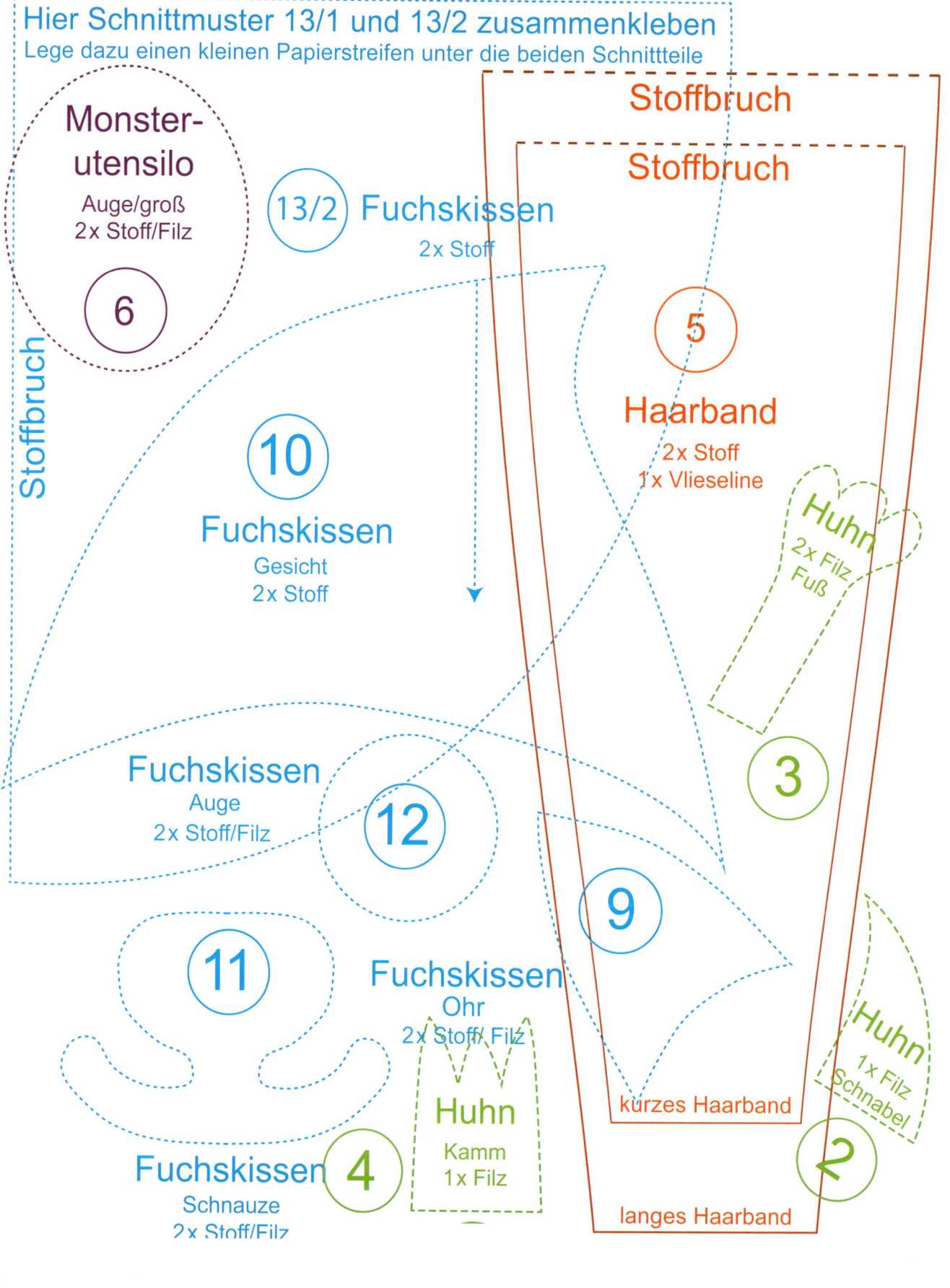

Hier Schnittmuster 13/1 und 13/2 zusammenkleben
Lege dazu einen kleinen Papierstreifen unter die beiden Schnittteile

Monster-
utensilo
Auge/groß
2x Stoff/Filz
6

Stoffbruch

Stoffbruch

Stoffbruch

13/2 Fuchskissen
2x Stoff

5
Haarband
2x Stoff
1x Vlieseline

Huhn
2x Filz
Fuß
3

10
Fuchskissen
Gesicht
2x Stoff

Fuchskissen
Auge
2x Stoff/Filz
12

Huhn
1x Filz
Schnabel

9

11

Fuchskissen
Ohr
2x Stoff/Filz

Huhn
Kamm
1x Filz
4

kurzes Haarband

2

Fuchskissen
Schnauze
2x Stoff/Filz

langes Haarband

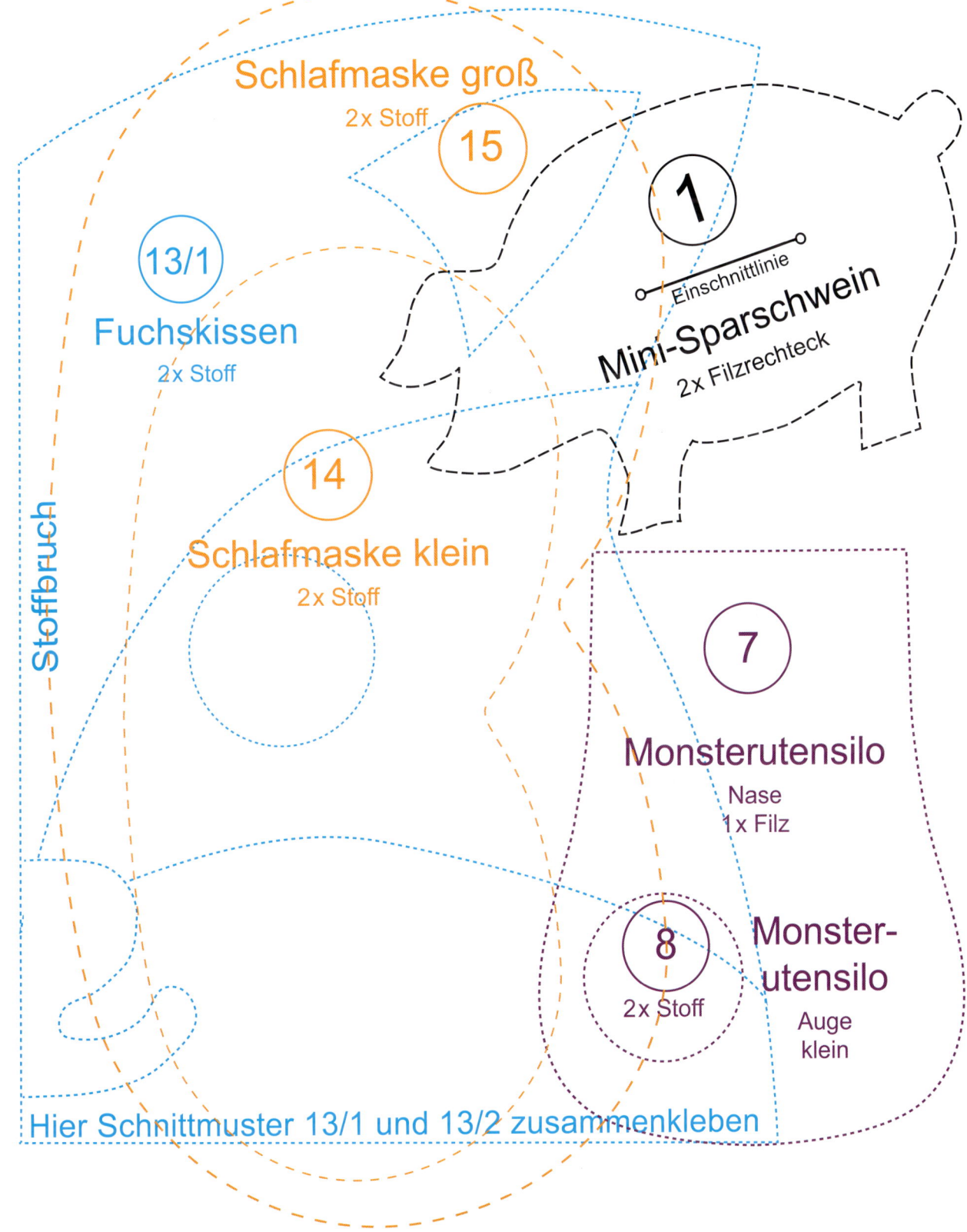

Schlafmaske groß
2x Stoff
15

13/1
Fuchskissen
2x Stoff

1
Einschnittlinie
Mini-Sparschwein
2x Filzrechteck

Stoffbruch

14
Schlafmaske klein
2x Stoff

7
Monsterutensilo
Nase
1x Filz

8
2x Stoff

Monster-utensilo
Auge
klein

Hier Schnittmuster 13/1 und 13/2 zusammenkleben

Impressum

ISBN 978-3-8094-4288-2

6. Auflage 2024
© 2020 by Bassermann Verlag, einem Unternehmen der Penguin Random House Verlagsgruppe GmbH, Neumarkter Str. 28, 81673 München

Dieser Band ist eine Zusammenstellung aus den beiden Titeln *Nadelzauber* und *Tolle Nähideen für Kinder*.
© der Originalausgaben 2013 und 2016 by Bassermann Inspiration und Bassermann Verlag

Projektkoordination dieser Ausgabe: Dr. Iris Hahner
Umschlaggestaltung: Atelier Versen, Bad Aibling
Modelle, Schnittmustervorlagen, Zeichnungen, Fotos: Ruth Laing
Gesamtproducing: Ruth Laing

Druck und Bindung: Firmengruppe APPL, aprinta druck, Wemding

Printed in Germany

Penguin Random House Verlagsgruppe FSC® N001967

Einfach, frech und inspirierend

128 Seiten, durchgehend farbig bebildert
ISBN 978-3-8094-4177-9

Blumen, Blüten, Blätter, Menschen, Tiere, Fahrzeuge, Buchstaben, Schmuckelemente: Über 500 kinderleichte Motive aus allen Lebensbereichen machen Lust aufs Sticken. Ob als einzelnes Element oder kombiniert - mit Nadel und Faden lassen sich kleine Meisterwerke auf den Stoff bringen. Die genauen Farbangaben machen es leicht, die Vorlagen Schritt für Schritt nachzuarbeiten.

Besuchen Sie uns
auch auf

www.bassermann-verlag.de